Der Mann, der seinen Beruf mit dem Leben verwechselte

Jonathon Lazear

Der Mann, der seinen Beruf mit dem Leben verwechselte

Bekenntnisse eines Workaholics

Übersetzt aus dem Amerikanischen
von Bernd Seligmann

Scherz

Für Wendy, in ewiger Liebe

www.scherzverlag.de

Die Originalausgabe erschien unter dem Titel
«The Man Who Mistook His Job for a Life»
bei Crown Publishers, New York.
Member of the Crown Publishing Group.
Random House, Inc., New York, Toronto, London, Sydney, Auckland.

Erste Auflage 2002

ISBN 3-502-14495-8
Umschlaggestaltung: Gundula Hißmann und Andreas Heilmann, Hamburg
Umschlagbild: zefa visual media gmbh, Hamburg

Die Katze im Körbchen

Unser Sohn kam zu uns, gar nicht lange her.
Die Freude war groß – es war ein Kind mehr.
Doch der Alltag rief. Es gab Dienst auf Schicht.
Er lernte sprechen, doch ich hörte nur auf andre Pflicht.
Eh ich's merkte, konnt er reden und kam auf mich zu,
sagte lachend: «Ich will sein wie du, Paps,
einmal bin ich so wie du …»

Die Katze im Körbchen und der Mann im Mond, der
silberne Löffel und wo Karlsson wohnt …
«Papa, wenn du heimkommst – ich weiß nicht wann –
ich freu mich drauf! Wir spieln doch dann, Paps …?
Ich zeig dir, was ich alles kann.»

Erst kürzlich war's, mein Sohn wurde zehn.
Er sagte: «Danke für den Fußball. Lass uns spielen gehen.
Zeig mir ein paar Tricks …» – Ich sagte: «Oh, nicht jetzt!

Bin total kaputt, völlig abgehetzt!»
Er meinte: «Ist okay!», winkte mir noch zu,
sagte: Irgendwann bin ich wie du, Papa,
einmal bin ich so wie du …»

Die Katze im Körbchen und der Mann im Mond,
der silberne Löffel und wo Karlsson wohnt …
«Papa, wenn du heimkommst – ich weiß nicht wann –
ich freu mich drauf! Wir spieln doch dann, Paps …?
Ich zeig dir, was ich alles kann.»

Neulich kam er von der Uni, schon ein richt'ger Mann,
ein Junge, auf den der Papa wirklich stolz sein kann.
Ich sagte: «Na, alles klar? Setz dich mal zu mir!»
Doch er war schon in der Jacke, auf dem Weg zur Tür.
Dann drehte er und sah mir lachend ins Gesicht und sprach:
«Den Wagen brauchst du heut doch nicht, Papa.
Das Auto brauchst du sicher nicht?»

Die Katze im Körbchen und der Mann im Mond,
der silberne Löffel und wo Karlsson wohnt . . .
«Papa, wenn du heimkommst – ich weiß nicht wann –
ich freu mich drauf! Wir spieln doch dann, Paps …?
Ich zeig dir, was ich alles kann.»

Schon 'ne ganze Weile bin ich in Pension.
Er wohnt schon lang woanders, unser großer Sohn.
Neulich rief ich ihn an und sagte: «Komm doch mal …»
Er sagte: «Liebend gern, doch ein andermal.
Mein Job ist stressig, und die Kinder sind krank.

Doch du verstehst mich, Gott sei Dank, Papa,
du verstehst das, Gott sei Dank ...»

Ich hängte ein, und mir wurde klar:
Er war genau, wie ich mal war.
Mein Sohn war so wie sein Papa ...

Die Katze im Körbchen und der Mann im Mond,
der silberne Löffel und wo Karlsson wohnt ...
«Papa, wenn du heimkommst – ich weiß nicht wann –
ich freu mich drauf! Wir spieln doch dann, Paps ...?
Ich zeig dir, was ich alles kann.»

Inhaltsverzeichnis

Wenn mein Herz das Denken übernähme
und mein Kopf das Fühlen,
dann wäre die Welt ganz neu für mich.
Ich wüsste, was wirklich Wirklichkeit ist.

VAN MORRISON

Dort draußen, jenseits aller Vorstellung
von Recht und Unrecht,
da liegt ein Feld,
und dort wollen wir uns treffen.

RUMI

Einleitung

Warum schleppt jeder, der an einem Schreibtisch arbeitet, einen Aktenkoffer zwischen Arbeitsplatz und zu Hause hin und her?

Immer mehr Stunden verbringen wir an unserem Schreibtisch. Unsere Chefs erwarten es, und wir erwarten es von uns selbst. Doch wie bringen wir den Arbeitstag zu Ende?

Wie viele von uns greifen auf das «Geschäftsessen» oder den «Umtrunk» zurück, um unsere Arbeitstage auszudehnen und uns davor zu drücken, nach Hause zu gehen? Wir «Workaholics» haben gelernt, wie man dem Ende des Arbeitstages aus dem Weg geht. Wir kennen jeden Trick, der im Buche steht, denn wir sind es, die dieses Buch geschrieben haben.

Jeden Tag, wenn ich von der Arbeit nach Hause komme und mich zu Tisch setze, selbst wenn es wieder einmal später geworden ist, ist das Erste, was ich von mir gebe, eine Art Zusammenfassung meines Arbeitstages – oder, genauer gesagt, ein missmutiger Monolog über jemanden oder etwas, das nicht funktioniert hat, wie es sollte, und wie erschöpfend alles ist, der Job, die langen Tage – aber was soll's: Morgen um halb acht werde ich wieder zur Stelle sein.

Wir verbringen zu oft mehr Zeit an unserem Arbeitsplatz als eigentlich nötig, weil wir uns vor der «zweiten Schicht» fürchten. Zu Hause müssten wir dabei helfen, die Kinder zu baden und zu füttern, und uns allgemein um sie kümmern. Die meisten von uns haben diese Rolle aufgegeben, es ist so viel leichter, sich hinter seinem Schreibtisch zu verkriechen.

Doch die Zeiten haben sich geändert. Wir wissen heute, dass wir die Pflichten der zweiten Schicht, die Stunden nach der Arbeit, die der Kinderpflege gehören, mittragen sollten. Wir lieben unsere Kinder, das steht außer Frage. Wenn wir aber gerade früh genug nach Hause kommen, dass wir die Gutenachtgeschichte lesen können, dann meinen wir, wir hätten unseren Teil erledigt. Der Arbeitsplatz ist der sicherste Zufluchtsort vor den häuslichen Pflichten und unserem Anteil daran.

Und seien wir ehrlich: Wir sind nicht der Typ Mann, der mit «nichttraditionellem» Lohn, wie ihn zum Beispiel das Großziehen von Kindern verspricht, viel anfangen kann. Am Arbeitsplatz wissen wir dagegen genau, wann wir uns selbst übertroffen haben. Es zeigt sich auf konkrete Weise, zum Beispiel in einer Beförderung oder einer Gehaltserhöhung.

Eines der größten Geschenke, die ich je erhalten habe, war die Erfahrung, von heute auf morgen meinen Job aufzugeben. Das war 1983, obwohl wir zwei kleine Kinder hatten, das eine noch ein Baby, und kaum 2000 Dollar auf der

Bank. Es war ein solches Geschenk für mich, weil es mir die Gelegenheit gab zu sehen, wer ich war, wo ich gewesen war und wo ich sein wollte.

Es war eine aufregende Zeit. Nach Jahren im Verlagswesen in New York versuchten meine Frau und ich unser Glück und machten uns in Minneapolis selbstständig. Selbst wenn Sie geschäftlich noch nie auf eigenen Füßen gestanden haben, kennen Sie sicher das Gefühl, wenn man ein neues Projekt beginnt, das eine aufregende Zukunft verspricht. Jeder Tag bringt die Chance, etwas Neues zu lernen. Wir arbeiteten unermüdlich, an manchen Tagen rund um die Uhr, auf der Jagd nach neuen Autoren, dem nächsten Geschäft, weiteren Kunden und noch mehr Aufträgen. Diese Aufregung ist gewissermaßen der Katalysator, der einen dazu bringt, sich in seiner Arbeit zu verlieren.

Unser Geschäft wuchs, und unsere Arbeitstage wurden kürzer, doch der Leistungsdruck ließ kaum nach. Selbst nach einer Reihe erfolgreicher Jahre blieb das Gefühl, wir könnten noch mehr tun, noch mehr Aufträge erledigen, mehr Projektvorschläge durcharbeiten, mehr Klienten betreuen. Man sollte meinen, Erfolg brächte Erleichterung, doch stattdessen stand ich immer mehr unter Druck.

Wir hatten es, sozusagen, geschafft. Wir reisten erste Klasse, wo immer wir hinwollten. Unser Erfolg hatte uns «süchtig» gemacht. Je größer das Geschäft, je größer der Kunde, umso größer der Druck. Aber wenn mich meine Arbeit bedrängte und ich wütend und ärgerlich über die fehlende Zeit mit meiner Familie war, sagte ich mir einfach, es sei nur kurzfristig, bis ein bestimmtes Geschäft unter Dach und Fach war. Ich redete mir ein, es gehöre zum

Erwachsensein: Ein erwachsener Mann hat eine Familie, einen Job und seine Verantwortlichkeiten. Und irgendwo musste das Geld für die funkelnden Karossen, die in meiner Garage prangten, schließlich herkommen.

Es waren jedoch nicht nur die «guten Dinge», das Materielle, was mich dazu trieb, mich in meiner Arbeit und an meinem Arbeitsplatz zu vergraben. Bald mischten sich andere, weniger offensichtliche Dinge in dieses verschwommene Etwas, das mein Leben/meine Arbeit war. Zum Beispiel der Drang, mich zu verstecken.

Etwas stimmte nicht mit meinem erfolgsorientierten Leben. Das wurde mir jedoch erst klar, als ich mit einem Mann sprach, mit dem ich seit fünfzehn Jahren befreundet war. Ich kannte ihn als einen lieben, intelligenten, nachdenklichen, humorvollen, treu sorgenden Vater dreier Kinder, doch eines Abends gestand er mir plötzlich, dass er sich am Ende des Arbeitstages, wenn es allmählich Zeit wird, nach Hause zu fahren, angespannt, steif, unruhig, verletzlich fühlte und eine Hilflosigkeit empfand, die an Panik grenzte.

Dies ist ein Mann, der seine Frau und seine Kinder liebt und der jeden Sonntag die Kirche besucht, ein Mann, den jeder für seine Menschlichkeit und Selbstlosigkeit schätzt. Er war gar in einem Fernsehinterview aufgetreten, als ein Musterbeispiel für genau diese Werte. Außerdem verdient er «vernünftig», sodass seine Frau nicht zu arbeiten braucht und es ihm nicht schwer fällt, seine heranwachsenden Kinder in eine Privatschule zu schicken. Doch jeden Abend empfindet er diese Anspannung, und beim bloßen Gedanken, schon bei der Aussicht, bald zu Hause zu sein – wo die Kinder mit ihren (berechtigten) Ansprüchen und seine

Frau mit ihren Bedürfnissen auf ihn warten –, erleidet er fast einen Panikanfall. Er fühlt sich nicht mehr «sicher», sobald er nach Hause kommt. «Es ist nicht wie meine Arbeit», sagte er, «es ist kein Ort, wo ich mich auskenne, es ist immer etwas Neues.»

Er liebt seine Familie ebenso oder mehr als jeder andere Ehemann und Vater, den ich je kennen gelernt habe, und zuerst versuchte ich ihn zu trösten, da ich dachte, seine Probleme wären nicht die meinen und ich könnte ihm vielleicht helfen. Doch je länger wir uns unterhielten, desto klarer wurde mir, dass seine Probleme sehr wohl auch die meinen waren. Ich erkannte, dass auch ich in meiner Arbeit Schutz suchte, nicht weil ich meine Familie nicht liebte, sondern weil die Arbeit für mich der Ort war, wo ich mich am sichersten, am kompetentesten und am meisten gewürdigt oder gar «unentbehrlich» fühlte.

Am Arbeitsplatz wussten mein Freund und ich, wie wir uns zu verhalten hatten, doch wer waren wir zu Hause? Die Arbeit war so viel einfacher, so viel klarer. Die Regeln waren irgendwie unkomplizierter. Das Leben zu Hause – oder mit Freunden, Familie und Nachbarn – folgte dagegen seltsamen Gesetzen und war voller Komplikationen und Unsicherheiten. Wir redeten lange über den Druck, den das Familienleben uns auferlegt, und wie verloren wir uns darin fühlten. Wenn unser Gespräch sich um unsere Arbeit gedreht hätte, wäre es vollkommen normal gewesen, dass zwei Männer sich so unterhalten, doch weil es diesmal *nicht* um die Arbeit ging, empfanden wir es als etwas völlig Neues. Und dann geschah etwas Eigenartiges: Wir erkannten beide, dass der Stress, den wir manchmal empfanden, oft nichts mit unserer Arbeit zu tun hatte. Die

Arbeit war nicht das Problem. Das eigentlich Stressige war *alles andere,* aber gewiss nicht die Arbeit. Unsere Jobs, so anspruchsvoll sie auch sein mochten, waren in Wirklichkeit die sicherste Zuflucht vor den Realitäten des Lebens. Die aufregende Karriere war für uns zu einer Höhle geworden, in die wir uns nur zu gern verkrochen.

Mein Freund erwähnte in diesem Zusammenhang das so genannte Stockholm-Syndrom, auf das Wissenschaftler vor einigen Jahren gestoßen waren. Danach beobachtet man bei Entführungsopfern oder Geiseln, dass sie nach einer Zeit der Gefangenschaft die Seite wechseln und ihre Entführer oder Kerkermeister zu respektieren und manchmal gar zu lieben beginnen. So ähnlich verhält es sich, wenn die Arbeit zu unserem Zufluchtsort wird, erklärte mir mein Freund.

Nach diesem Gespräch sah ich die arbeitsbedingten Probleme in meinem Leben endlich klarer. Ich begann darüber nachzudenken, welche Rolle die Arbeit in meinem Leben spielte und wie leicht es passiert, dass man in eine Falle gerät. Da Sie dieses Buch in die Hand genommen haben, ringen Sie wahrscheinlich mit den gleichen Fragen und Zweifeln. Ihre Arbeit nimmt so viel von Ihrem Leben ein, dass daneben alles verblasst. Sicher, die Arbeit kann uns einige Befriedigung verschaffen, doch Sie fragen sich auch, ob sie Ihnen nicht mehr nimmt, als sie Ihnen gibt. Sie haben sich ein Netz gesponnen, das Ihre Identität definiert, in dem Sie sich jedoch auch verstecken. Es ist zugleich Segen und Fluch. Sie leben in Ihrem Job, und ob Sie sich darin glücklich fühlen oder nicht, spielt fast keine Rolle mehr, da Sie meinen, Sie hätten ohnehin keine Wahl.

Und dann betrachten Sie Ihr Leben und sehen die

Symptome, die zeigen, dass Sie ein Mann sind, der seine Arbeit mit seinem Leben verwechselt. Wie ich fühlen Sie sich erschöpft, auch wenn Sie die Nacht durchgeschlafen haben. Oder Sie können nicht schlafen, weil Ihnen das Telefongespräch, das Sie an dem Tag hatten, noch im Kopf herumgeht, oder weil Sie im Geiste das Gespräch durchgehen, das Sie morgen führen werden. Und wann immer Sie neue Leute kennen lernen, kümmern Sie sich nur darum, was diese Leute beruflich tun. Das Einzige, worüber Sie auf Partys reden können, ist Ihr Job oder der Job eines anderen. Vielleicht werden Sie wütend auf Ihre Partnerin oder Ihren Partner, obwohl Ihr Zorn in Wirklichkeit Ihrem Chef gilt. Oder Sie kommen nach Hause und haben einfach nicht die Energie, noch irgendetwas zu tun.

Als jemand, der seine Arbeit für sein Leben gehalten hat, bin ich damit fertig geworden, indem ich mich abseits hielt und oft überhaupt nichts sagte. Ich zog mich in meine emotionelle Festung zurück, ständig auf der Flucht vor dem realen oder eingebildeten Gerichtshof, den meine Kollegen, meine Mitarbeiter, meine Familie, meine Frau und sogar meine Kinder für mich darstellten. Zuweilen fühlte ich mich kämpferisch und aggressiv, doch die meiste Zeit fühlte ich mich verloren, wie betäubt, und reagierte auf nichts. Und wie Sie dachte ich die ganze Zeit, ich hätte keine andere Wahl. Ein Mann, der seine Arbeit für sein Leben hält, hat einfach keinen Begriff davon, was das sein könnte, «die Wahl haben». Wer als «guter Ehemann und Vater» gelten will, braucht sich lediglich als «guter Ernährer» zu bewähren. So scheint die ganze Welt zu denken. Und wenn wir keine Ernährer sind und in unseren Verpflichtungen ertrinken, lassen wir uns vom Ehrgeiz verzehren. Wir sind ständig im Wettbewerb mit anderen – und ständig auf der Hut. Wir sehen die jungen Universitätsabsolventen und Blender durch unser Büro stolzieren und wollen zeigen, dass wir *besser* sind. Doch wo bleiben unsere Werte? Was ist aus den Träumen geworden, die einmal unser Antrieb waren?

Sobald ich erkannt hatte, was nicht stimmte, war mein nächster Gedanke: *Wie konnte es dazu kommen?* Kann ich den Augenblick identifizieren, die eine, entscheidende Handlung oder Reaktion, mit der dieses Verschwimmen von Arbeit und Leben begonnen hat? Ich erinnerte mich an eine besonders anstrengende Zeit, kurz nachdem ich einen berühmten Autor unter Vertrag genommen hatte, und war sicher, dass da meine Probleme mit der Arbeit begonnen hatten. Doch dann dachte ich an eine andere Episode, die weiter zurücklag, und dann an noch eine, noch weiter in der Vergangenheit. Und schließlich endete ich bei dem Augenblick, als ich die Agentur gründete, und kam zu dem Schluss, dass dies der entscheidende Schritt gewesen war, der Schritt über die Schwelle zur Arbeitssucht.

In Wirklichkeit gibt es einen solchen Augenblick und eine solche Schwelle jedoch nicht. Es gibt Aktionen, Reaktionen und Entscheidungen, die über eine bestimmte Zeit – über lange Zeit – zum Selbstverlust führen. Je mehr ich über Arbeitssucht oder *Workaholismus* las und über die Probleme, vor denen besonders Männer am Arbeitsplatz stehen, desto klarer wurde mir, dass mein Problem nicht mit der ersten großen Beförderung begonnen hatte. Mein Los hatte eine lange Vorgeschichte. Der Durchbruch, das Gespräch mit meinem Freund, ereignete sich nicht nach einem schlechten Tag oder gar einem schlechten Jahr im Büro. Er hatte sich seit langem angebahnt.

Es hatte damit begonnen, dass ich als Kind ständig die manchmal scherzhaft, manchmal ernst gemeinte Frage zu hören bekam, was ich «werden» wollte, wenn ich erwachsen wäre. So werden kleine Jungen auf das erste Einstellungsgespräch vorbereitet, noch bevor sie die Vorschule besuchen. Es mag eine banale Frage sein, doch sie wird immer wieder gestellt und bereitet einen jungen Mann glänzend auf ein Leben vor, in dem die Arbeit seine Identität definiert.

Wir alle haben solche scheinbar harmlosen und simplen Fragen von Erwachsenen gehört, wenn sie auf einer Geburtstagsfeier oder einem Familienfest auf uns zukamen: «Was möchtest du denn werden, wenn du einmal erwachsen bist? Feuerwehrmann? Astronaut? Oder vielleicht Polizist?» Es war die Standarderöffnung, mit der verlegene Erwachsene ein Gespräch mit einem ebenso verlegenen Kind begannen. In meinem Fall ging es in diesen Fragen oft um mein kindliches Interesse am Zeichnen. Ich produzierte Zeichnungen von Häusern und Gebäuden, Schnittzeichnungen von Wohnblocks und später (als ich drei war) Autos, Autos und nochmals Autos. Das führte dazu, dass praktisch jeder erwartete, ich würde einmal als der Designchef von General Motors enden, oder zumindest als ein berühmter Architekt oder wenigstens als Kunstlehrer. Ich war kaum dem Kindergarten entwachsen, doch jeder schien zu wissen, was ich einmal werden würde. Die Entscheidung war gefallen, und kaum dass ich mich's versah, war ich auf dem College und arbeitete auf meinen Architekturabschluss hin. Es war mein tiefer Wunsch, die Erwartungen zu erfüllen, die meine Eltern und andere, die mir nahe standen, in mich setzten.

Auf dem Weg zu meiner Architektenkarriere stieß ich jedoch auf ein Hindernis: die Mathematik. Ich zeigte weder Talent noch Interesse dafür. Oh Gott! Was würde aus mir werden, wenn ich nicht zu dem Architekten würde, den alle in mir sahen? Schon damals definierte ich mich über das, was ich tat – oder zumindest das, was alle von mir erwarteten –, und nicht darüber, wer ich war. Und ich war kaum zwanzig.

Wie der Vater, so der Sohn

Mein Vater war kein gutes Beispiel, wenn es darum ging, seine Identität und seinen Job – beziehungsweise die Arbeit, die er von zu Hause aus machte – auseinander zu halten. Ganz recht, er hatte sein Büro bei uns zu Hause. Heute machen sich immer mehr Leute «selbstständig» und arbeiten in ihrem Heimbüro, doch seien Sie gewarnt: Wenn Sie keine glasklare Grenze zwischen Ihrer Familienwohnung und Ihrem Bürobereich ziehen, wird das Büro immer die Oberhand gewinnen. Nach dem Abendessen ging mein Vater regelmäßig an seinen Schreibtisch zurück, der nur wenige Schritte von unserem Esszimmer entfernt war, und arbeitete weiter, oft bis spät in die Nacht. Da er sich dafür entschieden hatte, die Arbeit vor der Familie kommen zu lassen, reagierte er oft gereizt, wenn er abends mit Familienangelegenheiten belästigt wurde.

Wir waren, gelinde gesagt, etwas unsicher, wo die Grenze zwischen Heim und Büro verlief. Eines wurde den

Kindern aber immer deutlich gemacht, dass mein Vater zu jeder Tages- und Nachtzeit arbeitete, um uns auf die Privatschule zu schicken und für uns zu sorgen, zu sorgen und nochmals zu sorgen.

Ich wusste, dass mein Vater im Haus war, spürte aber seine Anwesenheit nur auf indirekte Weise. Meine Mutter rief von Zeit zu Zeit: «Jon, kommst du herauf?» (Ganz richtig: Ich bin Jon junior und stand deshalb noch mehr unter Erwartungsdruck.) Seine Büroräume waren damals im Keller. «Jon», würde meine Mutter weiterrufen, «wann kommst du endlich herauf?» Ich wusste, sie fühlte sich verlassen. Das war wahrscheinlich der Grund, weshalb mir mein Vater immer stärker wie ein Geist vorkam und nicht wie ein Mensch aus Fleisch und Blut. Heute frage ich mich, warum ich mir damals nicht vornahm, nicht auf solche Weise von der Welt zu verschwinden.

Mut zur Veränderung

Sobald mir klar wurde, dass mein Problem mit der Arbeit so tief saß, fühlte ich mich fast erleichtert. Ich begriff, dass es ernst war und ich es nicht von heute auf morgen lösen konnte. Es beruhigte mich zudem, dass wie ich unzählige Männer schon unter dem Arbeitsdruck leiden, bevor sie überhaupt in die Arbeitswelt eintreten. Die Rolle des Mannes – beruflich, gesellschaftlich und persönlich – ist massivem Wandel unterworfen. Über die vergangenen vierzig Jahre ist der Mann – und seine Beziehung zu allem Möglichen, von seinem Auto bis zur Wahl seiner Unterwäsche – zum Thema für Psychoanalytiker und Talkshow-

Moderatoren geworden. Kein Wunder, dass wir heute Hilflosigkeit, Zorn und Angst empfinden. Es ist jedoch auch eine Zeit der Hoffnung, da die Fragen, denen sich Männer – ausschließlich Männer – gegenübersehen, endlich ernst genommen werden. Es gibt Hunderte von Methoden, wie Männer den Sinn für ihr Selbst und ihr Dasein wiederherstellen können, und wir können es auch schaffen, ohne in Saunen zusammenzuhocken, uns auf die Brust zu schlagen und den Mond anzuheulen.

Es bedeutet Mühe (ich versuche, wohlgemerkt, das Wort *Arbeit* in diesem Zusammenhang nicht zu verwenden), doch es ist zu schaffen. Ich will nichts beschönigen. Es ist schwer, sich zu ändern. Vielleicht ist es das Schwerste überhaupt. Ich habe meine Geschichte niedergeschrieben, um Ihnen zu zeigen, wie Sie sich dennoch ändern können. Sie werden mit Hilfe dieses Buches nicht nur etwas darüber lernen, wie Männer sich in ihrer Arbeit verlieren, sondern auch, was man dagegen tun kann. Männer werden bekanntlich dazu erzogen, zu denken und nicht zu fühlen. Wir haben keine Zeit für Gefühle. Auf Geburtstagspartys, Hochzeiten, Begräbnissen und Familientreffen können wir vielleicht so tun, als hätten wir Gefühle, doch unter dem Lächeln und verlegenen Lachen, in das wir einstimmen, um engagiert zu erscheinen, schlägt unüberhörbar ein ganz anderer Takt. Was wir brauchen, ist Übung nicht nur im Fühlen, sondern auch darin, wie man sich die Zeit nimmt, zu erkennen, wo wir und was wir mit unserem Leben tun. Das ist nicht leicht in einem Leben, das uns 24 Stunden am Tag, 7 Tage die Woche, 365 Tage im Jahr beschäftigt hält, wo immer ein Faxgerät oder ein Computer in der Nähe ist und wo stets noch eine E-Mail abzusetzen oder ein Anruf anzunehmen ist. Dennoch können wir lange schlummernde Verhaltensweisen und Gefühle wieder erlernen. Wir können neu erlernen, wie man Dinge tut, die uns das Empfinden vermitteln, dass wir wirklich leben. Wir können zu Männern werden, denen ihre Familie und ihre Freunde tatsächlich Freude machen und die eine gesunde Einstellung zu ihrer Arbeit haben.

Vor einiger Zeit habe ich zum ersten Mal seit Jahren wieder richtig Urlaub gemacht. Das heißt, ich hinterließ keine Telefonnummern, über die mich Klienten notfalls erreichen konnten, nahm keine Buchexposés mit und hatte keine Zeitschriften im Koffer, in denen ich gewöhnlich neue Autoren – sprich potentielle Klienten – aufspürte. Ich nahm nur meine Frau und meine Kinder mit, derentwegen ich damals, 1983, als wir noch voller Hoffnung gewesen waren, meinen Job ursprünglich aufgegeben hatte. Es war eine lange Reise, bis ich so weit war, dass ich etwas so Einfaches wie einen Urlaub tatsächlich genießen und der Versuchung gänzlich widerstehen konnte, den sonnigen Strand in ein Büro zu verwandeln.

Auch Sie können den Weg nach Hause finden.

Kapitel 1

Der beste Junge der Welt

Papa arbeitet so hart

In meiner Erinnerung war mein Vater öfter fort als daheim, und wenn er zu Hause war, dann offenbarte er kaum etwas darüber, wer er war, wenngleich wir aus Gesprächen zwischen ihm und meiner Mutter eine ganze Menge darüber lernten, was er tat.

Wenn ich an die Zeit denke, als ich sechs oder sieben war, damals in Ohio, sind meine stärksten Erinnerungen an meinen Vater, wie er zur Arbeit geht, entweder in sein Büro im Stadtzentrum von Columbus oder in sein Arbeitszimmer in unserem Haus. Das Eigenartige war nicht nur, dass er mehr Zeit bei der Arbeit als zu Hause verbrachte. Es war auch dieses so wichtige Ritual, wie er sich täglich für die Arbeit bereitmachte. Er war im Begriff, wichtige Dinge zu tun. Er würde hinausgehen und Geld verdienen, arbeiten und für uns sorgen. Unsere Mutter machte es meiner Schwester, meinem Bruder und mir vollkommen klar: ER ARBEITET. Es spielte eigentlich keine

Rolle, was er «tat». Er arbeitete jedenfalls, und Arbeit war eine Sache, über die man nur sehr ernst redete.

Dieses Muster ist nur allzu bekannt. Wenn Vater lange arbeitet, nehmen wir ihm seinen Rückzug von der Familie nicht übel. Erscheint er wieder einmal nicht zum Abendessen, wird gesagt: «Er hat so viel zu tun, er konnte nicht so früh nach Hause kommen.» Wenn er die Familie allein in den Urlaub schickt: «Papa kommt am Wochenende nach. Bis dahin muss er zu Hause bleiben und arbeiten. Schließlich ist er es, der für den Urlaub zahlt.» Wenn er bei der Schulversammlung wieder einmal fehlt: «Vater ist auf Geschäftsreise. Niemand kann ihm diese Arbeit abnehmen.» Und wenn er bei Familientreffen immer wieder verschwindet, ist die Entschuldigung: «Vater musste ans Telefon. Ohne ihn scheint die ganze Firma zusammenzubrechen.» Unzählige Mahlzeiten bei uns zu Hause wurden von Geschäftsanrufen unterbrochen. Die Arbeit ging immer vor. Es gab keine Grenze zwischen «Heimbüro» und Heim. Wenn es um die Arbeit ging, war unsere Familie stets bereit, eine Entschuldigung zu finden, weshalb Vater nicht bei uns sein konnte. Und diese Entschuldigung war immer Arbeit.

Mein Vater war selbstständig. Das heißt, er hatte keinen «Chef» im traditionellen Wortsinn. Er war ein Außendienstmann, ein Vertreter, was unter anderem bedeutete, dass er in Wirklichkeit einige Chefs hatte, da er fünf oder sechs Herstellungsfirmen vertrat. Die musste er mit seiner Arbeit glücklich machen, und nicht nur die, auch seine Kunden, und das bedeutete eine Menge Arbeit. Er war ständig dabei, irgendeine tatsächliche oder eingebildete Fastkatastrophe zu meistern, damit diese Leute für keinen Augenblick unglücklich waren.

Wie sein Verlassen des Hauses am Morgen ein wichtiges Ritual darstellte, so erfüllte uns das abendliche Warten auf ihn jedes Mal mit einiger Spannung. Hatte er einen guten Tag gehabt oder einen schlechten? Hatte er irgendeine Krise im Büro zurückgelassen, die ihren Schatten auf den Abend werfen würde? Denn selbst wenn Vater nicht direkt wütend war wegen der Arbeit, selbst wenn er es seine Familie nicht spüren ließ, wie er es manchmal tat, dass er einen schlechten oder unproduktiven Tag gehabt hatte, mussten wir darauf Rücksicht nehmen. Niemand hätte gewagt, ihn darauf anzusprechen und etwa zu sagen: «Na komm, Papa, so schlimm war es vielleicht gar nicht», oder: «Ach was, Papa, vielleicht kannst du das Problem einfach so lösen, wie du alle Probleme zuvor gelöst hast.» Die Arbeit war etwas Magisches und Schwieriges, über das man nicht leichtfertig redete. Sie war zugleich das Geheimnis und der Tyrann seines Lebens.

Das Traurige daran war, dass mein Vater so damit beschäftigt war, all diese Leute glücklich zu machen, dass er für uns kaum Zeit hatte, sei es, um uns glücklich zu machen oder um irgendetwas anderes mit uns zu tun. Es hat uns nie an etwas gefehlt, jedenfalls nicht im materiellen Sinne. Als ich etwas älter war, wurde mir klar, dass er es war, der uns eigentlich gefehlt hat. Was wir stattdessen bekommen hatten, waren seine Wut und seine Enttäuschungen in seiner Arbeit, womit schon die meiste Zeit vertan war, die er für uns hätte übrig haben können. Es geschah nicht, weil er grausam oder unaufrichtig gewesen wäre. Er wusste einfach nicht, wie man mit seinen Kindern umgeht. Er war oft nicht einmal in der Lage, mit unserer Mutter vernünftig zu reden, oder mit seinen Freunden und Bekannten (von denen er kaum welche hatte). Im Mittelpunkt stand für ihn – wie schon für seinen Vater und wahrscheinlich auch seinen Großvater – immer das Geschäft.

Eine Art, wie er nach der Arbeit etwas Luft abließ, war, Walter Cronkites *CBS News* anzuschauen und die ganze Sendung mit seinen Bemerkungen zu untermalen. In seiner Arbeit hatte er oft das Gefühl, er kämpfe gegen Windmühlen, und in diesen laufenden Kommentaren kam dann viel von seinem Zorn und seiner Enttäuschung heraus. Ich habe mit vielen anderen Männern gesprochen, die ähnliche Erinnerungen haben. Ob ein Tag erfolgreich endete, hing immer von derselben Preisfrage ab: Hatte Papa einen guten oder einen schlechten Tag? Wenn er einen schlechten Tag gehabt hatte, zogen wir uns instinktiv zurück. Mama schwebte mit einem Drink und ihrem Mitgefühl herbei, und wir hielten uns fern, bis die Luft rein war. Wenn Vater einen guten Tag hatte, konnten wir uns in seine Arme werfen und unsere guten Neuigkeiten loswerden oder auch unsere eigenen Probleme mit ihm teilen – der Bruder, der gemein zu einem war, der beste Freund, der plötzlich nicht mehr mit einem spielen wollte, die schlechte Note in der Klassenarbeit oder wie wir auf dem Fußballfeld versagt hatten. Wir hätten uns danach sehnen sollen, dass Papa endlich vor der Tür steht oder vor unserer Garage vorfährt, doch viele unter uns warteten mit Sorge oder gar mit Angst auf diesen Augenblick. Manchmal waren wir erleichtert, wenn er wieder einmal länger arbeiten musste – erleichtert, weil wir dann nicht auf Zehenspitzen um ihn herumschleichen und uns im Flüsterton unterhalten mussten, damit Papa seine Ruhe hatte nach seinem schweren Tag. Es war einfach leichter, wenn man nicht so auf der Hut sein musste.

Für meinen Vater gab es keine «normalen» Bürostunden, weshalb auch wir keinen Begriff davon hatten. Man konnte ihn abends um halb zehn an seinem Schreibtisch finden und um sieben Uhr früh am nächsten Morgen. Ich wusste, er arbeitete unglaublich hart. Er opferte sich für uns auf. Wir wussten kaum, wer er war, aber wir liebten ihn dafür, dass er für uns sorgte. Er war furchtbar unglücklich, doch das war uns nicht wirklich klar, weil sein Versinken in der Arbeit etwas Tugendhaftes an sich hatte. Wie um alles noch verwirrender zu machen, begann meine Mutter irgendwann, als seine «rechte Hand» (sprich Sekretärin) für ihn zu arbeiten. Also bekamen wir nun von zwei Seiten das Gleiche zu hören: «Wir bringen uns hier für euch um; aber schaut euch die Schulen an, auf die wir euch schicken, und die Autos in der Garage.»

Wir alle haben diese Bilder von Amerikanern in den Fünfzigerjahren im Kopf, wie sie sich auf Cocktailpartys und Grillfesten amüsieren und wie sie lange, gemächliche Autoreisen quer durchs Land unternehmen. Europa öffnete sich als Touristenziel und Disneyland lockte. Doch meine Eltern waren selten auf Partys zu finden, und wenn es einmal eine gab, dann hatte es oft mit der Arbeit zu tun. Und Urlaub war in meiner Familie fast ein Fremdwort.

Der heldenhafte Arbeiter

Für viele von uns ist offensichtlich, welche Heuchelei mit der Einstellung verbunden ist, dass man ununterbrochen arbeiten muss, um das Leben genießen zu können. Bei uns zu Hause wurde uns, absichtlich oder nicht, immer wieder klar gemacht, welches Privileg es war und wie glücklich wir uns schätzen konnten, in einem solchen Haus zu wohnen, uns so kleiden zu können und ein solches Ansehen zu genießen. Wir spürten jeden Augenblick, welche Anstrengung und Energie es meinen Vater kostete, so für uns zu sorgen, aber ich glaube nicht, dass sich meine Eltern je bewusst waren, wie nachhaltig sie diese Werte an uns weitergaben.

Ich erinnere mich an meine Kindergeburtstage. Die Party war immer bestens organisiert und für die Gäste ein großer Spaß. Mein Vater zeigte sich vielleicht für die erste Stunde, doch dann stahl er sich in sein Büro, wo er einen wichtigen Anruf zu erledigen oder einen Auftrag abzuwickeln hatte. Seine harte Arbeit brachte mir Jahr für Jahr die phantastischsten Geschenke ein – das beste Fahrrad, meinen eigenen Fernseher (damals etwas ganz Besonderes) und zu meinem sechzehnten Geburtstag mein erstes eigenes Auto. Es mag abgedroschen klingen, aber so willkommen die Geschenke auch waren, viel glücklicher hätte mich gemacht, wenn er wirklich bei meinen Partys dabei gewesen wäre.

Wenn ich heute jedoch zurückdenke, dann weiß ich, wie unwohl er sich dabei gefühlt hätte. Auch er war ein Mann, der seine Arbeit für sein Leben hielt. Deshalb haben meine Eltern so oft am Esstisch, auf der Fahrt zu meinen Großeltern oder gar am Heiligen Abend über die Arbeit geredet. Es gab keine «geheiligten Augenblicke», die der Familie vorbehalten waren. Wir lebten in einem Bienenhaus. Unser Heim war ein Ort, wo gearbeitet wurde und wo entsprechende Arbeitsethik herrschte, Tag und Nacht. Mein Leben spielte sich zwischen Papierstößen,

Aktenordnern und klappernden Schreibmaschinen ab, umweht von Ajax- und Bohnerwachsdüften, und all diese Geschäftigkeit ließ oft wenig Raum für andere Dinge. Was hatten wir schon, wenn man sich die Arbeit und Betriebsamkeit wegdachte? Wenn man nicht aufpasst, bringt einem die ganze harte Arbeit lediglich das: ein Haus voller unglücklicher Leute, die Ankunft des Postboten als Höhepunkt des Tages. Unbewusst verinnerlichten wir die Grundgleichung:

Arbeit = Tugend

Das ist die Mathematik, die hinter alldem steckte. Vater *ist* seine Arbeit. Vater ist nicht Vater, wenn er nicht fort ist oder am Telefon oder in seinem Büro. Und man hat ihn zu bewundern. Schließlich ist er ein echter Heiliger, da er so hart arbeitet. Wenn ich je dachte, die Arbeitsbesessenheit meines Vaters hätte mich eines Besseren belehrt, dann war ich im Irrtum. Ich habe die Ethik meines Vaters bewundert, und wie jedes andere Kind habe ich mich nach nichts mehr gesehnt als nach seiner Anerkennung. Ob ich es wollte oder nicht, ich wurde zu einer Kopie meines Vaters. Es war jedoch nicht allein seine Schuld oder die meiner Mutter. Die Ursachen sind nicht nur zu Hause zu suchen.

Was möchtest du einmal werden?

Ich komme noch einmal auf das Ritual zurück, wie Kinder immer wieder gefragt werden, was sie einmal werden möchten, wenn sie groß sind. Sowohl Mädchen als auch Jungen sehen sich dieser Frage gegenüber, doch eigenartigerweise fragt niemand je einen Jungen: Wie viele Kinder möchtest du einmal haben? Oder: Welche Art Heim möchtest du einmal bewohnen? Oder: Was wird dich deiner Ansicht nach glücklich machen?

Leider werden solche Fragen allgemein als «weibliche» Fragen eingestuft. In Fragen an Jungen geht es darum, *was* sie werden möchten, nicht wer oder wie oder warum. So entmenschlichen wir unsere Söhne von Anfang an, indem wir sie für Leistungen preisen, die nichts mit der Familie zu tun haben: für gewonnene Trophäen, Wettrennen und Spiele, und letztlich dafür, dass sie arbeiten und für sich und andere sorgen.

Es hat Jahre gedauert, bis ich begriff, wie unglücklich meine Eltern waren, wie sie sich abgeschuftet haben unter ihren selbst auferlegten Pflichten, mit all den Dingen, die getan werden mussten. Als kleiner Junge wusste ich es nicht besser. Ich liebte unsere Firma geradezu, denn auch mir gab sie das Gefühl, wichtig zu sein. Wenn mein Vater mich also fragte, was ich einmal werden wollte, wenn ich erwachsen wäre, hatte ich immer eine Antwort parat, selbst wenn ich in Wirklichkeit keine Ahnung hatte. Ich antwortete immer auf eine Weise, die ihn, wie ich glaubte, stolz machen würde.

Kleine Jungen (und Mädchen) lernen viel, indem sie ihre Eltern und andere Erwachsene, die sie besonders hoch schätzen, in ihrem Verhalten beobachten und nachahmen. So lernen wir, dass Geschäftigkeit Arbeit bedeutet, und Arbeit ist etwas Gutes. Ich wollte geliebt und als guter Junge angesehen werden, weshalb ich manche der Verhaltensweisen meines Vaters nachahmte. Ich hielt mich beschäftigt oder lernte wenigstens den Eindruck zu erwecken, beschäftigt zu sein. In Wirklichkeit habe ich dabei nie irgendetwas «produziert». Meine Schulresultate zeigten, dass ich nicht allzu viel tat. Ich war damit beschäftigt, mich von zu Hause fern zu halten. Ich wollte den ganzen Tag weg sein, und am liebsten die ganze Nacht. Ich wollte nicht in einem Haus sein, wo Spaß etwas Verdächtiges war, wo Fernsehen als totale Zeitverschwendung betrachtet wurde, wo man, wenn man nicht an irgendeinem «Projekt» arbeitete, «nichts zu tun» hatte. Schon als Schuljunge lernte ich zu übertreiben, wie beschäftigt ich war. Wenn ich einen Aufsatz über ein Buch abzuliefern hatte, spielte es keine Rolle, wie schwer es war, solange ich es als eine schwere, langwierige Arbeit erscheinen ließ, die meine ganze Aufmerksamkeit erforderte. Ich hatte Freunde, deren Väter es als Zeitverschwendung ansahen, wenn sie ein Buch in die Hand nahmen, und ein Vater schickte seinen Sohn in den Garten, die Blätter zusammenzukehren, wenn er ihn dabei erwischte, wie er an einem Samstagmorgen vor dem Fernseher saß und Zeichentrickfilme anschaute («Hast du nichts Besseres zu tun?»). Ich hatte auch einen Freund, dessen Vater an jedem Wochenende um halb sieben aufstand, damit er möglichst früh mit der Hausarbeit anfangen konnte. Was wir alle davon mitbekamen, war eine moderne Version des Spruches «Faulheit ist Sünde». Wenigstens hatten wir die Garage als letzten Zufluchtsort.

Doch sosehr ich mich auch anstrengte, ihnen etwas vorzumachen, meine Eltern wussten, dass die Schularbeiten nicht allzu schwer waren, und darüber ließen sie uns nie im Zweifel. Sie machten uns immer vollkommen klar, wenn auch nicht direkt, sondern eher unterschwellig, dass

Erwachsenenarbeit viel schwerer ist, viel anspruchsvoller, und dass viel mehr dabei auf dem Spiel steht: «Warte nur, bis du selbst Kinder hast.» Es war demütigend. Ich konnte den Ansprüchen meines Vaters hinsichtlich Produktivität nie gerecht werden. Niemand von uns konnte das.

Wie viele andere Kinder lernte ich mit der Zeit, mich durchzuwursteln. Ich wusste jedoch, wenn ich so weitermachte, würde ich nicht nur jede Achtung einbüßen, die mein Vater noch für mich hatte. Ich würde auch nicht «erfolgreich» sein können. So ging mir irgendwann auf, wahrscheinlich mit Einsetzen der Pubertät, dass ich der beste Junge der Welt sein wollte. Und dann machte ich mich daran, dies zu beweisen. Da ich schon der «Friedenstifter» in der Familie war, erschien es mir nur als sinnvoll, mich auch zum «produktivsten» Familienmitglied zu mausern und auf diese Weise weitere Gunst zu gewinnen. Ich musste lediglich herausfinden, welche Art Arbeit ich übernehmen konnte und wie viel davon mich zu einem tugendhaften Menschen machen würde. Danach brauchte ich dann nur noch davon zu träumen, welchen Respekt mein Vater für mich empfinden würde, wenn ich mich zu Tode gearbeitet hätte. Ich war der selbst ernannte «gute Junge» der Familie, was ich bewies, indem ich sehr erfolgreich war. Von dem Preis, den ich dafür einmal zu zahlen haben würde, hatte ich keine Vorstellung.

Junger Mann voller Selbstdisziplin, Selbstmotivation und Selbstsucht sucht Gleichgesinnte

In meinem ersten Job lernte ich aus eigener Erfahrung, dass Arbeit einem Freiheit schenken kann. Man verdient sein eigenes Geld und hängt nicht mehr von irgendwelchen anderen Quellen ab, und das ist befreiend. Die erste Stelle ist ein wichtiger Meilenstein auf dem Weg zum Erwachsensein.

Mit dem Geld kam eine ganze Schar neuer «Vorgesetzter», die es glücklich und zufrieden zu machen galt. Als Schüler arbeitete ich im Lager eines dieser riesigen Spielzeugsupermärkte. Ich hasste es, doch ich konnte nicht aufgeben, sonst hätte ich meine Eltern enttäuscht. So verrückt war ich: Für knapp zwei Dollar die Stunde erklomm ich drei Stockwerke hohe Leitern, um Barbie und Ken aus ihren Regalen zu holen. Ich riskierte mein Leben für Mattel und meine Eltern.

Meine Mühen blieben jedoch nicht ohne Lohn. Mein Vater war stolz auf seinen Sohn, der nicht nur einen Nachmittags-, sondern auch einen Wochenendjob hatte.

Danach hörte ich nie mehr auf zu arbeiten. Zwischen damals und meinem Uni-Abschluss arbeitete ich zuerst nach der Schule und verfolgte später jeden Sommer eine Art Minikarriere. Die Jobs waren anspruchsvoll, und das war mir recht so. Je schwerer, desto besser.

So arbeitete ich mich durch die Oberstufe und durch mein Studium, und dann, während eines Aufbaustudiums, das ich niemals abschloss, fing ich in einer Buchhandlung an. Das führte zu meinem ersten «großen» Job als Manager eines ganzen Ladens innerhalb einer großen Kette. Endlich! Das große Los! Nun konnte ich zwölf bis fünfzehn Stunden am Tag arbeiten. Meine Erschöpfung war wie ein Rausch. Es hatte mich erwischt. Ich war süchtig.

Während des Studiums wurde mir allmählich klar, dass gute Noten weniger wichtig waren als die Frage, was ich mit meinem Leben anfangen wollte. Wenn ich meinen Vater stolz machen wollte, musste ich mir einen Beruf suchen. Ich hätte gern Kunst studiert, doch Künstler ist kein «richtiger» Beruf, so wurde mir jedenfalls klar gemacht (und nicht nur von meinem Vater). Ich hatte meine Ideale, doch es waren die wackligen Ideale eines jungen Mannes, nicht die gereifte Überzeugung eines wirklich Erwachsenen, der dafür gekämpft hat, so leben zu können, wie er es sich wünscht. Je näher mein Universitätsabschluss rückte, umso klarer wurde mir, dass ich trotz all der läppischen Jobs, die ich schon hinter mir hatte, im Grunde keine Ahnung hatte, was in der Arbeitswelt vor sich ging. Ich hatte nur damit gespielt und es nicht wirklich getan. Trotz all der Jahre, die ich zugesehen hatte, wie meine Eltern sich über die Arbeit Sorgen machten, wusste ich immer noch nicht, was Arbeit eigentlich war oder was es bedeutete zu arbeiten. Für mich ging es in der Arbeit lediglich darum, nirgendwo anzuecken und seinen Job geschafft zu bekommen. Innere Erfüllung kam mir dabei nie in den Sinn.

In besagtem ersten Managerjob lernte ich zwei Lektionen. Die erste war, dass viel von dem, was ich hinsichtlich Arbeit für wichtig gehalten hatte, in Wirklichkeit keine Rolle spielte. Zu jedem Job gehört viel künstliche Geschäftigkeit, die zu nichts führt. Harte Arbeit ermöglichte jedoch vielen Leuten, zu überleben und eine Familie zu unterhalten. Als zweite, wichtigere Lektion lernte ich, dass der Lohn beträchtlich sein konnte, wenn meine Arbeit zu etwas Größerem führte (zu einer guten Investition, einem erfolgreichen neuen Produkt oder einem Bestseller). Dies schien die Wahl zu sein, vor der man stand: Man konnte hart arbeiten, um zu überleben, oder man konnte hart arbeiten, um reich zu werden. Wie man sich auch entschied, in jedem Fall musste man hart arbeiten.

Die Geburt eines Yuppies

Nach meiner Zeit als stets verfügbarer Mitarbeiter eines Unternehmens und eines Chefs, denen ich weitgehend gleichgültig war (und welcher Workaholic wünscht sich nicht ein wenig Lob?), bekam ich eine Stelle im Verlagswesen.

Die meisten Leute interessieren sich nicht dafür, wie es in einem Buchverlag zugeht, doch glauben Sie mir, für einen emporstrebenden Workaholic war es das Walhalla. Zu Beginn meines damals so genannten «Yuppietums» lernte ich, dass ich praktisch rund um die Uhr arbeiten musste, um auch nur die Chance zu haben, erfolgreich zu sein. Im Verlagswesen musste man regelmäßig seine Abende und Wochenenden und auch seinen Urlaub opfern, wenn man aufsteigen wollte. Es wurde von einem erwartet, den größten Teil seiner «Freizeit» damit zu verbringen, Manuskripte zu lesen und auszuwerten, sich mit der Lektüre von Fachzeitschriften und Zeitungen auf dem Laufenden zu halten, endlose Manuskriptberge zu editieren und vierundzwanzig Stunden am Tag für Autoren erreichbar zu sein und ihnen ein offenes Ohr zu schenken. Ich weiß nicht, wie viele Wochenenden ich damit zugebracht habe, unsere berühmten, berüchtigten oder von sich selbst berauschten Autoren telefonisch ans Händchen zu nehmen. Ich mache mir nichts vor: Ich hatte es mir ausgesucht. Ich wollte nicht derjenige sein, der den nächsten Bestseller verpasste, weil er ihn noch einen oder zwei Tage auf dem Eingangsregal im Büro verstauben ließ. Was, wenn mir jemand zuvorkam und ihn mir vor der Nase wegschnappte? Ich wollte auch nicht derjenige sein, der den Spitzenautor verärgert, indem er es ablehnt, sich kurz vor Mitternacht sein Geschwätz anzuhören. Was, wenn der Redaktionsdirektor beschließt, ihn einem anderen Herausgeber anzuvertrauen? Ich wollte dabei sein auf den heißen Buchauktionen, ich wollte mit den führenden Literaturagenten zu Mittag essen, ich wollte meinen Namen im Nachrichtenteil des *Publishers Weekly* gedruckt sehen, des Handelsblatts, das auch all die anderen Streber lasen.

Also war ich gern bereit, endlose Stunden zu arbeiten. Wie das ging, hatte ich vor langer Zeit gelernt. Und auch der Lohn ließ nicht lange auf sich warten. Als relativ junger Mann kam ich schnell weiter auf der Karriereleiter. Ich fiel auf und bekam Stellen angeboten. Ich arbeitete Tag und Nacht und sonnte mich in dem, was ich für das Rampenlicht hielt. Ich war einer der Jungtürken, die Dinge ins Rollen bringen. Das Seltsame war nur, dass ich mich schon ausgebrannt zu fühlen begann, bevor ich dreißig war. Und dann geschah das Undenkbare. Ich verlor meinen hoch angesehenen Job in meinem hoch angesehenen Verlagshaus. Ich wurde gefeuert, weil ich nicht wusste, was ich tat. Mein Vorgesetzter hatte mir keinerlei Anleitung, Hilfe oder Führung gegeben und, offen gestanden, hatte ich nicht gerade um Hilfe gebettelt. Ich hatte meinen Stolz und dachte, wenn ich nur hart genug arbeitete, würde es schon klappen. Ich dachte, wenn ich genug Stunden hineinstecke, würde das meinem Boss schon auffallen, und er würde annehmen, ich wäre am Ball. In Wirklichkeit stand ich jedoch kurz vor dem Scheitern, war dabei unterzugehen und litt Todesängste.

Mein Chef war nicht gerade zart fühlend, und ich glaubte, auf irgendeine sadistische Art wünschte er sich, dass ich versagte. Mein hoch angesehener Verlag war eine rücksichtslose, mörderische Arbeitsumgebung. Wir pflegten zu sagen, «die» warten nicht erst auf eine Gelegenheit, dich von hinten abzustechen, «die» stoßen einem den Dolch einfach in den Bauch.

Ein solcher Arbeitsplatz ist die perfekte Schule für junge Workaholics. Ich war stehend k.o., aber ich stand noch.

Ich hätte die Kündigung als Gelegenheit nehmen können, innezuhalten und darüber nachzudenken, was ich tat. War ich glücklich in meiner Tätigkeit? Wollte ich eine andere Laufbahn einschlagen? Hatte ich aus meinen Fehlern gelernt? Hatte ich irgendwelche kurzfristigen oder langfristigen Ziele? Schließlich war ich seit meinen Teenagerjahren von Job zu Job geeilt, und es wäre sehr sinnvoll gewesen, ein wenig Zeit zu opfern, um in mich zu gehen und etwas nachzuforschen. Doch daran dachte ich keinen Augenblick. Für kurze Zeit empfand ich Panik und Demütigung, und dann stürzte ich mich gleich wieder in die Jobsuche im Verlagsbereich. Nach einer kurzen (einwöchigen) Pause hatte ich meine nächste Stelle. Niemand kümmerte sich um mein Versagen. Alle konzentrierten sich auf meine Erfolge, was mich motivierte, weiterzumachen wie bisher und mehr Erfolge zu ernten. Und mein Titel war noch pompöser, und ich bekam mehr Geld dafür – mehr Geld, ebenfalls eine große Falle.

Eines habe ich jedoch gelernt aus dieser Erfahrung. Ob wir hart arbeiten, um zu überleben, oder ob wir es tun, um Erfolg zu haben, wir begreifen schnell, dass ein «Macher» reicher belohnt wird als ein «Denker». Ein Mann, der ohne zu zögern zu schnellen Entscheidungen kommt, wird als maskuliner betrachtet als der Zauderer, der sich seiner selbst, seines Intellekts, seiner Macht oder seines Status nicht sicher zu sein scheint. Jemand, der zögert, gilt nicht als vorsichtig oder aufmerksam. Er ist kein Führer, sondern einer, der folgt. Das augenblickliche, schnelle Urteil über eine Person oder Situation ist unser Markenzeichen. Schließlich haben wir so viel zu tun, dass wir nicht die Zeit haben, und gewiss nicht die Neigung, Dinge abzuwägen und länger nachzudenken, bevor wir zu einem Urteil kommen.

Die meisten von uns haben ihre Väter beobachtet, wie sie schnelle Entscheidungen trafen: ja oder nein, keine Diskussion! So wird es gemacht und nicht anders! Haben sie je unter Ängsten gelitten? Hatten sie je irgendwelche Zweifel? Natürlich haben sie das. Jeder fürchtet sich vor einer Entscheidung, ganz gleich wie ruhig er äußerlich wirken mag. Doch man darf niemals zeigen, dass man sich nicht sicher ist. Da man die ganze Zeit arbeitet, da jeden Tag zahlreiche wichtige Entscheidungen zu treffen sind, darf man nicht zögern. Das ist nicht erlaubt. Außerdem verleiht einem diese scheinbare Selbstsicherheit eine gewisse Macht. Das wirkliche Motiv hinter solchen Blitzentscheidungen mag Feigheit, Ungeduld, Langeweile oder Furcht sein, doch niemand stellt diese Pose der Allwissenheit in Frage. Ich lernte schnell, dass es besser ist, geschwind mit der falschen Antwort herauszurücken, als langsam zu erscheinen, weil man nach der richtigen sucht.

Ein weiterer Schutzpanzer, den wir anlegen, sobald wir diesen ersten Jobs entwachsen und uns wirklich als Erfolgsmenschen etablieren, ist unser Stolz. Wenn ich alles weiß, warum soll ich dann über irgendetwas lange nachdenken oder jemanden um Rat bitten? Übertriebener Stolz muss nicht unbedingt bedeuten, dass Sie sich in Ihrer Arbeit verlieren müssen, doch er lässt die Falle zuschnappen, wenn Sie einmal hineingeraten sind. Leute, die zu stolz zum Nachdenken sind oder um andere um Hilfe zu bitten, definieren sich am Ende ausschließlich über das, was sie tun, und über ihren Stolz darauf, was sie tun. Das Produkt ihrer Arbeit, die Dinge, die dabei herauskommen – sei es ein perfekt gebügeltes Kleid, ein ideal für den Grand Prix abgestimmter Rennwagen oder ein perfekt geschärftes Skalpell für die nächste schwierige Operation –, wird zu dem, was ihre Identität ausmacht.

Raten Sie einmal, wie ich meine Frau kennen gelernt habe. Durch das Verlagsgeschäft – welche Überraschung. Wendy hatte es schon in jungen Jahren zu einem glänzenden Job in einem der großen Filmstudios gebracht, war hoch bezahlt und bewegte sich unter Filmstars und anderen mächtigen Figuren. Ihre Persönlichkeit zog mich an. Wie hätte ich auch widerstehen können? Sie war eine aufstrebende, sehr attraktive Frau im Filmgeschäft, voller Selbstbewusstsein und ebenfalls ein Arbeitstier – die perfekte Partnerin.

Als wir heirateten, waren wir praktisch gleichrangig auf der Karriereleiter, und für lange Zeit arbeiteten wir beide mit voller Kraft weiter. Unsere Arbeit brachte uns ständig mit anderen Menschen zusammen, und die meisten Abende waren wir in Restaurants und Bars mit Klienten oder im Büro.

1979 wurde unser erster Sohn, Michael, geboren. Wendy beschloss zu Hause zu bleiben und sich um ihn zu kümmern. Wir zogen tief in die Vorstädte von New Jersey, und ich pendelte jeden Morgen nach Manhattan hinein. Die Fahrt war höllisch lang. Tagsüber bekam ich meinen neugeborenen Sohn kaum zu Gesicht. Morgens, wenn ich mich auf den Weg machte, war es noch dunkel und er schlief meistens noch, und wenn ich am Abend nach Hause kam, war es ebenfalls dunkel und er schlief wieder.

1982 kam dann Ross zur Welt. Wir verließen das Treibhaus Manhattan und zogen nach Minneapolis, wo Wendy und ich unsere eigene Literaturagentur aufmachten. Wir wollten unsere eigenen Chefs sein und uns unser eigenes Leben schaffen, anstatt es von anderen diktiert zu bekommen. Wir wollten es «auf unsere Weise» machen.

«Unsere Weise» entpuppte sich bald als «meine Weise». Ich schuftete den ganzen Tag und bis in die Nacht. Wendy half viel und trug viel dazu bei, dass aus unserer Neugründung ein sehr solides Unternehmen wurde, doch wenn sie zur zweiten Schicht mit den Kindern verschwand, wurde es wieder Zeit für mich, die Zügel in die Hand zu nehmen und zur Arbeit zu verschwinden. Und wer hätte mich schon aufhalten können? Ich selbst bestimmt nicht.

Ich wurde süchtig nach dem großen Geschäft. Wenn ich mich in die Enge getrieben oder isoliert fühlte, konnte ich doch immer noch ein Geschäft abschließen und es als Beweis darstellen, dass ich niemanden brauchte. Ich verließ mich auf meinen eigenen Geschmack, mein eigenes Urteil und meinen eigenen Sinn für Kreativität. Die langen Arbeitstage waren nicht nur notwendig, ich wollte sie auch. Ich ließ zu, dass ich mich vollkommen in meiner Arbeit verlor. Und wer hätte mich dafür schon kritisiert? Ich war bald berüchtigt. Von einem kleinen Fisch im großen Teich des New Yorker Verlagswesens war ich zu einem großen Fisch im kleinen Teich der Buchszene in Minneapolis geworden. Meine Erfolge – die fetten fünf- oder sechsstelligen Summen, die ich für meine Autoren aushandelte, und all die Publicity, die solchen Coups folgte – trieben mich immer tiefer in meine Liebesaffäre mit Schreibtisch und Telefon. Und dann kam immer mehr Geld herein. Na also! Das ununterbrochene Schuften zahlte sich wirklich aus – doch um welchen Preis?

Ausgebrannt

Mehr Geld, mehr Status, mehr emotionaler Abstand, mehr Selbstrechtfertigung, mehr Verstecken vor der Familie – ich schnitt mich von der Welt ab wie ein Alkoholiker. Ich wurde kalt wie ein Fisch und zeigte nur selten Interesse für meine Frau oder meine Familie, aber ich war immer noch der große Ernährer.

Rechnen Sie alles zusammen: die langen Arbeitsstunden, die ununterbrochene Verfügbarkeit, Ihren Stolz auf Ihre Arbeit. Sie sind vielleicht kein Workaholic, ebenso wie jemand, der sich einmal nicht erinnern kann, wie viele

Drinks er auf einer Party hatte, nicht unbedingt denken muss, er sei ein Alkoholiker. Doch wenn Sie mit vollem Einsatz arbeiten, ohne Ruhezeiten, in denen Sie sich sammeln und Ihre Batterien aufladen können, warnt Sie vielleicht eine innere Stimme, dass Sie in Gefahr sind. Ihre Tankanzeige steht auf «Reserve», doch Sie halten nicht an und überprüfen, wie ernst das Problem ist. Man ignoriert ein Problem leicht, wenn man dessen Schwere nicht einzuordnen weiß. Irgendwann stieß ich jedoch auf einen Realitätstest, der mich schließlich zwang, Bilanz zu ziehen. Es ist die so genannte *Pines and Aronson Burnout Scale* oder «Ausbrenn-Risikoskala». Beantworten Sie die folgenden Fragen und zählen Sie Ihre Punkte zusammen. Dann werden Sie sehen, ob Sie in Gefahr sind, einen Burnout zu erleiden.

Wie oft kommt es vor, dass Sie folgende Gefühle empfinden?

Setzen Sie Ihre Wertung (1–7) vor jedem der Statements 1 bis 21 ein, entsprechend dieser Werteskala:

1 = nie	5 = oft
2 = alle Jubeljahre	6 = fast immer
3 = selten	7 = ständig
4 = manchmal	

____ 1. Sie fühlen sich müde.
____ 2. Sie fühlen sich deprimiert.
____ 3. Sie hatten einen guten Tag.

____ 4. Sie fühlen sich körperlich erschöpft.
____ 5. Sie fühlen sich emotionell erschöpft.
____ 6. Sie fühlen sich glücklich.
____ 7. Sie fühlen sich benommen.
____ 8. Sie haben das Gefühl, Sie können nicht mehr.
____ 9. Sie fühlen sich unglücklich.
____ 10. Sie fühlen sich abgehetzt.
____ 11. Sie fühlen sich in die Enge getrieben.
____ 12. Sie fühlen sich minderwertig.
____ 13. Sie haben alles satt.
____ 14. Sie machen sich Sorgen.
____ 15. Sie fühlen sich desillusioniert und bitter.
____ 16. Sie fühlen sich schwach und krankheitsanfällig.
____ 17. Sie sehen keine Hoffnung.
____ 18. Sie fühlen sich zurückgestoßen.
____ 19. Sie sind optimistisch.
____ 20. Sie fühlen sich voller Energie.
____ 21. Sie empfinden Angst.

Zur Berechnung Ihrer Punkte zählen Sie die Wertungen zusammen, die Sie vor den Ziffern 1, 2, 4, 5, 8, 9, 10, 11, 12, 13, 14, 15, 16, 17, 18 und 21 eingetragen haben.
Summe = ____ (A).
Zählen Sie nun die Wertungen zu Ziffer 3, 6, 9, 19 und 20 zusammen.
Summe = ____ (B).
Bilden Sie die Differenz zwischen der Summe (B) und der Zahl 32: ____ (C).
Addieren Sie (A) und (C): ____ (D).

Teilen Sie den Wert (D) durch 21: ____. Dies sind Ihre Punkte auf der Risikoskala.

Interpretation Ihres Ergebnisses:
2 bis 3 Punkte: Sie brauchen sich keine Sorgen zu machen.
3 bis 4 Punkte: Sie könnten vor einem Burnout stehen.
Über 4 Punkte: Sie sind ausgebrannt.

Nach Ayala Pines und Elliot Aronson, *Career Burnout: Causes & Cures*, Free Press, 1981.

Ebenso wie Alkoholismus hat auch Workaholismus seine Warnzeichen, wenngleich diese nicht so offensichtlich sind. Mein Problem war, dass meine Agentur immer erfolgreicher wurde, was meinen Arbeitseinsatz und die Zeit, die ich getrennt von meiner Familie verbrachte, zu rechtfertigen schien. Doch selbst wenn ich einmal nicht so viel zu tun hatte (zum Beispiel im Dezember, wenn es in den New Yorker Verlagen immer sehr ruhig ist), benahm ich mich immer noch, als würde jede Ruhe oder Entspannung meinen Erfolg gefährden. Wenn ich auf einer Party zu viel trank, nahm mich gewöhnlich meine Frau beiseite und sprach mich darauf an. Doch wer hält einen auf, wenn man am Wochenende noch zehn Stunden Arbeit dranhängt? Männer, die sich auf diese Weise selbst misshandeln, werden fast immer als Erfolgsmenschen gepriesen, obwohl sie in vielen Fällen tief unglücklich sind, sich nicht genug gewürdigt fühlen und unter mangelndem Selbstwertgefühl leiden. Das ist die Realität, die wir alle irgendwann akzeptieren müssen. Es kommt nicht darauf an, wie viel Sie arbeiten, sondern darauf, wie Sie sich fühlen mit Ihrem Arbeitspensum. Ich weiß jedenfalls, wie ich mich fühlte: hundeelend.

Arbeit und Narzissmus

Zuweilen werden Workaholics als besonders selbstständige Menschen betrachtet, obwohl sich diese Selbstständigkeit in den meisten Fällen als Narzissmus entpuppt. Nicht alle Männer, die sich in ihrer Arbeit verlieren, sind Narzissten, doch Männer, die sehr von sich selbst – oder von ihren Erfolgen – eingenommen sind, verhalten sich wie die griechische Sagengestalt Narziss, der ständig ins Wasser schaute und sich in sein eigenes Spiegelbild verliebte. Das ist eine einsame Beschäftigung, doch für viele Menschen ist es die einzige Art, wie sie ihr Leben zu führen wissen.

So verliebte ich mich in die Person, welche die Öffentlichkeit in mir sah, in meine Rolle als *der* Staragent in den großen Weiten zwischen West- und Ostküste, der Mann, der nicht nur mitmischte, sondern die Karten verteilte, der Supermann, der mich von meinen Fotos in Zeitungen, Magazinen und sogar aus dem Fernsehen anstarrte. Ich verkehrte mit den «richtigen» Leuten in unserer Stadt und an beiden Küsten. Das war meine Art Narzissmus, weitgehend verursacht durch Workaholismus.

Arbeitsnarzissten haben große Schwierigkeiten, ihren Zustand selbst zu erkennen. Der Grund dafür ist wieder, dass es mit Arbeit zu tun hat und dass ihr Problem keinen Kater, sondern fette Schecks mit sich bringt. Die Diagnose fällt schwer, wenn man arbeitet, sowohl um seine Eitelkeit zu befriedigen als auch um für andere zu sorgen. Ich dachte, es sei alles für meine Familie, aber wenn ich tiefer in mich hineinforschte, musste ich erkennen, dass ich es hauptsächlich für mich selbst tat.

Wenn jemand übermäßig mit sich selbst beschäftigt ist, bleibt wenig Raum für irgendetwas oder irgendjemand anderes. Dabei kapselte ich mich gewiss nicht von der Welt ab. Wahrscheinlich glaubte ich vielmehr, die Welt und alles und jeder, der dazugehörte, seien ausschließlich für mich da. Meine Maßstäbe waren durch meine Eitelkeiten bestimmt. Mein Selbstwertgefühl wurde zu meiner Welt.

Sobald man das Image, das man auszustrahlen *meint,* für sein wirkliches Image hält, verwischen sich die Grenzen zwischen körperlichem Narzissmus, geistigem Narzissmus und «Schaffernarzissmus». Ich hätte mich besser daran erinnert, was Leuten in den Nachrichten immer wieder ans Herz gelegt wird: «Glauben Sie nie, was Sie in den Zeitungen über sich lesen.» Wenn Sie in Ihrer Arbeit oder Ihrer Karriere aufgehen, werden Sie nahezu automatisch zu einem oberflächlichen Menschen. Warum ist das so? Weil in Ihrer Welt kein Platz für irgendjemanden außer Ihnen ist. Genau so ist es mir ergangen.

Da Wendy sich nun um die Kinder kümmerte, konnte ich immer früher und früher am Morgen zur Arbeit fahren und erst spätabends wieder auftauchen, manchmal wenn alle schon längst im Bett waren. Und da ich nun die Möglichkeit hatte, noch tiefer in meine Arbeit einzutauchen, vervielfachten sich auch die Gelegenheiten dazu auf wunderbare Weise. Plötzlich erschien es fast immer notwendig, für ein Projekt nach New York zu fliegen, für das nächste nach Los Angeles, mit dem Wagen zu Treffen mit potentiellen Klienten zu fahren oder aus sonst irgendwelchen geschäftlichen Gründen für zwei Tage zu verschwinden. Das gehörte nun einmal dazu auf unserem Weg zu einem wohlhabenden, sorgenfreien und glücklichen Leben.

Nachdem ich mich zum Beispiel für ein paar Tage in einem Fünf-Sterne-Hotel in Beverly Hills mit interessanten, begabten Leuten getroffen hatte (was ich natürlich «Arbeit» nannte), kam ich nach Hause und, *voilà,* in meinem Büro wartete noch mehr Arbeit auf mich. Ich verschwand also wieder und fuhr in die Stadt. Als Grund gab ich an, «niemand sonst» könne meine Arbeit tun, und: «Ich war für ein paar Tage weg, und in der Zeit hat sich Arbeit angehäuft.»

Verschiedene Studien über Workaholismus haben gezeigt, dass Männer, die sich jede Woche für fünfzig oder mehr Stunden in ihrer Arbeit verlieren, nicht besonders effiziente Arbeiter sind. Es leidet also auch die Produktivität, nicht nur der Mann, der so tief in seiner Arbeit steckt, dass er seinen Job mit seinem Leben verwechselt. Fünfzig Stunden die Woche waren gar nichts. Sechzig waren eher die Regel.

Und wie fühlte ich mich dabei? Am Rande meiner Kräfte. Mein Geschäft wuchs und ich wurde immer zurückgezogener, und doch war ich über jede Kritik erhaben, so dachte ich jedenfalls. Ich mochte mich emotional immer weiter von meiner Familie entfernen, doch schließlich steuerte ich ein siebenstelliges Einkommen an.

Lange Zeit erkannte ich nicht, dass mir etwas fehlte. Ich sah nicht, was die Arbeit mir antat. Da nichts und niemand meiner Arbeitswut Grenzen setzte – keine Reinigungsleute, die das Licht ausknipsten, wenn es Zeit wurde, den Laden dichtzumachen –, arbeitete ich und arbeitete ich, was das Zeug hielt. Es ist jedoch nicht nur die Zahl der Arbeitsstunden. Ein Workaholic mag fünfzig Stunden die Woche arbeiten und ein vollkommen gesunder (wenn auch sehr beschäftigter) Mensch sechzig Stunden. Der Unterschied ist, dass letztere Person die Verbindung zu ihrer Familie, ihren Kindern und ihren Freunden und Bekannten aufrechterhält. Diese Menschen stehen für sie immer an erster Stelle, erst dann kommt die Arbeit. Der Mann, der seine Arbeit für sein Leben hält, klammert sich dagegen an seine Schufterei. In meinem Fall war diese Krankheit so heimtückisch, dass ich sie fast nicht bemerkt hätte, bevor es zu spät war.

Kapitel 2
Prüfen Sie sich selbst: Sind Sie ein Workaholic?

Alles geht einmal zu Ende. Kürzlich ist der NASDAQ-Index ins Bodenlose gestürzt. Viele der Dotcom-Unternehmen, die Ende des vergangenen Jahrzehnts aus dem Boden geschossen waren, sind entweder in ernsten Schwierigkeiten oder verschwunden.

Was nun? Manche von uns konnten für ein paar Jahre praktisch eine Online-Gelddruckerei betreiben.

Verfallen wir in Hysterie? Arbeiten wir in zwei Jobs zugleich (falls wir zwei Jobs finden können) und versuchen auf diese Weise, unserer Schulden und unseres ramponierten Egos Herr zu werden?

Die Ökonomie ist ständig im Fluss. In guten Zeiten konnten wir uns in falscher Sicherheit wiegen, doch jetzt (und für unabsehbare Zeit) ist alles anders. Für Workaholics ist dies der perfekte Augenblick, in Overdrive zu gehen. Der perfekte Augenblick für ehrgeizige Leute, sich in der Suche nach einer Arbeit zu verlieren, die dem gleichkommt, was sie verloren haben – den Mythos und die Realität.

Wir denken und träumen in schwarz-weiß. Wir kennen nur vollkommen Negatives oder vollkommen Positives. Etwas dazwischen gibt es nicht für uns. Schuldig oder unschuldig.

Die Welt ist jedoch voll lebhafter Farben. Menschen, Arbeit und sogar Märkte sind Wandlungen unterworfen. Wir müssen über die Grautöne in unserem Leben nachdenken und begreifen, wie wenige Dinge wirklich schwarz oder weiß sind.

Die Obsession für Karrieren und Jobs war noch nie so verbreitet wie heute.

Fast alles, was wir außerhalb unserer Arbeit sehen, treibt uns dazu, immer härter zu arbeiten und immer mehr Geld zu verdienen, oder wie es kürzlich in einer Titelgeschichte in *Newsweek* hieß: «Es ist zum Aus-der-Haut-Fahren – Alle sind reich, nur ich nicht!»

Die verschwommene Grenze zwischen Zuhause und Arbeitsplatz sowie zwischen Arbeit und Ruhezeit führt dazu, dass wir uns mit Hilfe von Medikamenten «entdeprimieren» müssen, während wir die Mythen vom «guten Ernährer» an unsere Kinder weitergeben.

Wir dürfen uns nichts vormachen: Workaholismus ist eine Sucht. Wenn wir Betroffene unseren unersättlichen Drang, uns in die Arbeit zu verkriechen, nicht unter Kontrolle bekommen, wird diese Arbeit uns umbringen, und wir sind selbst schuld daran. Arbeitssucht, dieses Leiden, dessen Opfer zugleich bedauert und bejubelt werden, isoliert uns von uns selbst und von denen, die uns lieben. Nicht anders als Schnaps und Kokain kann sie eine Ehe zertrümmern, Familien ruinieren und den Süchtigen von der Welt abschneiden.

Als ich selbst noch tief in diesen Problemen steckte, hätte ich gestöhnt bei dem Gedanken, mich dem Fragespiel zu unterziehen, mit dem ich Sie nun bekannt machen möchte. Wer hat schon Zeit für solche Dinge? Gibt es nichts Wichtigeres zu tun? Warum kuriert man mich nicht einfach, wenn ich denn krank sein soll? Her mit der Pille oder der Liste der «zehn Dinge, die ich tun muss, um mich vom Workaholismus zu heilen». Das ist das Tödliche an allen Suchtkrankheiten, sei es Alkohol-, Drogen-, Sex- oder Arbeitssucht: Die Sucht macht einen blind dafür, wie schlimm es einen erwischt hat. Man merkt nicht, wie krank man schon ist. Sucht ist eine Krankheit, die als Überlebensmechanismus daherkommt.

Arbeitssucht ist noch schwerer festzustellen, da sie im Allgemeinen als eine vollkommen legitime Einstellung angesehen wird, wie man seine Tage angeht. Denken Sie an die Leute um Sie herum, wenn Sie arbeiten. Stellen Sie sich die Person am Ende des Korridors vor, wie sie auf die Tastatur einhackt, um eine Frist nicht zu verpassen. Woher wollten Sie wissen, ob er an Workaholismus leidet? Wie würden Sie die Diagnose anstellen? Und, noch wichtiger, wie kann er es selbst wissen, wenn er sich nicht die Zeit nimmt, es herauszufinden?

Das folgende Quiz ist nur ein Werkzeug, das jedoch von unschätzbarem Wert sein kann. Sie werden davon profitieren, wenn Sie sich das kleine Fragespiel einfach vornehmen, jede Frage lesen und sie ehrlich beantworten. Verfallen Sie nicht in den Fehler, es nur hastig durchzulesen und auszufüllen (wie schon gesagt sind wir berühmt für unsere schnellen Entscheidungen) und dann schnell Ihre Punkte zusammenzuzählen. Das Endresultat wird Ihnen Einsichten in Ihr Arbeitsverhalten vermitteln, doch noch mehr lernen Sie, wenn Sie sich mit jeder Frage etwas Zeit nehmen.

Es kommt nicht auf das Endergebnis an, sondern darauf, wie Sie dorthin gelangen. Workaholismus tritt in vielen Masken auf, und die Art, wie die Sucht unsere wahre Identität verbirgt, ist für jeden anders. Mit den folgenden Fragen versuchen wir, einer Reihe von Symptomen der Arbeitssucht auf den Grund zu kommen, darunter Wut, Schlafprobleme und Gefühlskälte. Betrachten Sie sie nicht so sehr als herkömmliche Testfragen, auf die es richtige und falsche Antworten gibt, sondern eher als rhetorische Fragen in einem großen Fragespiel, wo Sie sich für das kleinere von zwei Übeln entscheiden müssen. In der Gesamtheit der Fragen und Ihrer Antworten werden Sie Muster erkennen, nach denen Ihr Leben verläuft, doch in manchen Fällen kann auch eine einzelne Frage Ihr ganzes Leben vor Ihnen enthüllen.

Ein Selbsttest für Workaholics

Wenn Sie meinen, Sie übertreiben es vielleicht mit Ihrem Arbeiten, und der Stress, dem Sie täglich ausgesetzt sind, könnte Ihnen irgendwann über den Kopf wachsen, versuchen Sie folgenden Test. Die Zahlen bedeuten:

5 = ja, auf jeden Fall
4 = ja, meistens
3 = gelegentlich

2 = selten, wenn überhaupt
1 = nie

1\. a) Ich habe wenig Geduld und lasse mich leicht auf die Palme bringen.
1 2 3 4 5
b) Ich fühle mich oft kurz vor dem Explodieren.
1 2 3 4 5
c) Ich glaube, meine Gereiztheit gehört zu meinem Charakter – ich kann es nicht ändern.
1 2 3 4 5
d) Ich schleppe immer wieder irgendeinen Groll mit mir herum, der dann in Wut umschlägt.
1 2 3 4 5
e) Zorn ist fast immer als Antrieb im Spiel, wenn ich eine Entscheidung treffe.
1 2 3 4 5
f) Meine Sicherung knallt schnell durch, wenn ich auf Fehler oder Nachlässigkeiten stoße, für die andere verantwortlich sind.
1 2 3 4 5
g) Meine Wut hindert mich oft daran, mich auf eine bestimmte Aufgabe zu konzentrieren; sie ermöglicht mir, in die Breite zu denken.
1 2 3 4 5
h) Wenn bei der Arbeit ein größerer Irrtum passiert, ist es immer der Irrtum anderer.
1 2 3 4 5
Summe ____

2. a) Ich schlafe unregelmäßig. Es fällt mir schwer, einzuschlafen, und es kommt selten vor, dass ich erfrischt aufwache.

   1 2 3 4 5

   b) Wenn ich an meine finanziellen Verpflichtungen denke und mich frage, ob ich sie erfüllen kann, bekomme ich es mit der Angst zu tun.

   1 2 3 4 5

   c) Ich fühle mich gewöhnlich nicht wohl bei gesellschaftlichen Anlässen mit Kollegen und Bekannten. Ich fühle mich solchen Situationen nicht gewachsen und bin nervös.

   1 2 3 4 5

   d) Ich empfinde Unruhe, wenn an meinem Arbeitsplatz oder zu Hause etwas anders wird; ich brauche den Status quo, um meine emotionale Stabilität zu bewahren.

   1 2 3 4 5

   e) Ich bin jetzt in einem Alter, wo ich mich gereizt, ängstlich und bedroht fühle, wann immer ein neuer Vorgesetzter oder Mitarbeiter erscheint, der jünger ist als ich, besonders wenn er als besonders gut gilt.

   1 2 3 4 5

   f) Ich bin den Verbindungen und Freundschaften, die ich einmal über meine Arbeit aufgebaut hatte, entwachsen und suche auch nicht nach neuen.

   1 2 3 4 5

   Summe ____

3. a) Ich habe das Gefühl, zu Hause hört man mir nicht zu und würdigt mich nicht genug; das gilt sowohl für meine Frau als auch für meine Kinder.

   1 2 3 4 5

b) Ich fürchte mich davor, dass andere – oder alle – herausfinden, wie schwach und unproduktiv ich bin.

   1 2 3 4 5

c) Ich verursache zu Hause hässliche Szenen, die wegen meiner Ängste und Frustrationen schnell außer Kontrolle geraten.

   1 2 3 4 5

d) Ich will, dass alle nach meiner Nase tanzen. Ich entscheide schnell und hasse es, wenn man mich hinterher kritisiert.

   1 2 3 4 5

e) Sowohl zu Hause als auch bei gesellschaftlichen Anlässen halte ich mich eher bedeckt.

   1 2 3 4 5

f) Ich bringe Arbeit mit nach Hause, um sie «fertig zu stellen», damit ich den nächsten Tag mit einem freien Schreibtisch beginnen kann, doch am Ende rühre ich diese Arbeit nie an.

   1 2 3 4 5

   Summe ____

4. a) Ich hänge Tagträumen darüber nach, wie es früher einmal war.

   1 2 3 4 5

b) Zu Hause sondere ich mich vor dem Fernseher, hinter einer Zeitung oder mit Alkohol ab.

   1 2 3 4 5

c) Mein Fluchtverhalten wird immer schlimmer. Sogar von meiner unmittelbaren Familie und meiner Frau kapsele ich mich immer mehr ab.
   1 2 3 4 5

d) Niemand versteht mich, niemand sieht, wie viel ich tue.
   1 2 3 4 5

e) Ich vertraue niemandem; kaum jemand ist meine Zeit wert.
   1 2 3 4 5

f) Mittags fühle ich mich schon so gestresst, dass meine Leistungsfähigkeit und Produktivität am Arbeitsplatz fast auf null sinkt.
   1 2 3 4 5

   Summe ____

   Gesamtsumme ____

Wenn Sie nach dem Zusammenrechnen auf 80 bis 105 Punkte kommen, sollten Sie Hilfe suchen. Dieses Buch zu lesen ist ein guter Anfang. Im Anhang habe ich weitere Referenzen und Stellen aufgelistet, an die Sie sich wenden können.

Wenn Sie im Punktebereich zwischen 50 und 80 liegen, laufen Sie leider Gefahr, vollkommen der Arbeitssucht zu verfallen. Betrachten Sie genauer, in welchem Bereich Sie die meisten Punkte registrieren. Sind es Ihre Ängste im Zusammenhang mit Ihrer Arbeit? Sind Sie besonders unglücklich mit Ihrer Familie, Ihren Freunden und Ihrem gesellschaftlichen Status? Zeigt Ihnen Ihre Punktestruktur, dass Sie zu schnell aus der Haut fahren und vielleicht darin Hilfe brauchen, Ihr Temperament unter Kontrolle zu bekommen? Workaholismus hat viele Seiten, wie dieser kleine Test schon zeigt, zugrunde liegen jedoch stets Wut und Angst. Wenn Sie in diesen beiden Kategorien viele Punkte erzielen, sehen Sie sehr unglücklichen und unproduktiven Zeiten entgegen.

Kommen Sie zwischen 26 und 50 Punkte, dann erleben Sie vielleicht schon die eine oder andere Situation, die Sie wütend oder ängstlich macht. Damit werden Sie fertig, indem Sie sich die Gründe klar machen, die das Problem verursachen. Im Augenblick geht es Ihnen ganz gut, aber Sie könnten Gefahr laufen, der Bestie zum Opfer zu fallen, die wir zu bändigen versuchen.

Machen Sie sich jedoch keine Vorwürfe, was immer Ihre Punkte sind. Der Test ist als ein Werkzeug der Heilung gedacht, nicht der Bestrafung. Wenn Ihre Punkte darauf hindeuten, dass Sie von Arbeitssucht befallen oder gefährdet sind, tun Sie zuallererst … gar nichts. Die Arbeit lehrt uns, gleich aufzuspringen und das Problem zu beheben durch schnelles, gezieltes und starkes Handeln. Dass jeder Mann von Natur aus ein Problemlöser sein soll, ist – ähnlich wie der Nutzen von «Power»-Essen oder «Power»-Dressing – ein Mythos, von dem sich unsere Arbeitskultur leider noch nicht gelöst hat. Ihr erster Impuls – das Verhalten, das Sie zu einem so erfolgreichen Arbeiter gemacht hat – wird also sein, sich das Ergebnis dieses Fragespiels anzusehen und dann sofort loszu«powern» und die Sache in Ordnung zu bringen. Ich weiß nicht, wie oft ich mir gesagt habe: «Wenn es Probleme gibt, dann gibt es auch eine Lösung.» Wir sehen es als ein Feuer, das es zu löschen gilt, doch dieses Feuer brennt schon seit langer Zeit. Es schadet nicht, wenn Sie es noch ein wenig länger brennen lassen.

Sobald Sie erkannt haben, dass Ihre Art zu arbeiten ein Problem darstellt, müssen Sie zunächst entscheiden, ob Sie etwas dagegen unternehmen möchten oder nicht. Das ist die wichtige Entscheidung, die Sie treffen müssen.

Es wäre schädlich, nach einer schnellen Lösung zu suchen. Workaholismus ist nicht wie ein kleiner Schnupfen oder ein Platten, der uns ein paar Minuten aufhält, bis wir den Reifen gewechselt haben. Unsere Probleme mit der Arbeit hängen weniger damit zusammen, was wir tun, als damit, wie und warum wir es tun. Die Lösungen, die wir finden müssen, liegen also tiefer. Die Heilung, die wir brauchen, muss sich über einen längeren Zeitraum vollziehen. Es reicht nicht, sich zu sagen: «Ich habe ein Problem mit der Arbeit. Diese Woche werde ich also nur fünfzig Stunden arbeiten statt sechzig oder siebzig.» Das würde nicht funktionieren, da pures Stundenzählen nichts darüber aussagt, wie wir diese Stunden verbringen oder wie wir uns von der Familie zurückziehen, indem wir während des Abendessens unser Handy angeschaltet lassen. Es beantwortet auch nicht die Frage, weshalb wir so wütend auf den Freund sind, der einmal nicht einer Meinung ist mit uns, obwohl wir das von jedem erwarten, mit dem wir zu tun haben.

Forschen Sie ein wenig in sich hinein, nachdem Sie sich diesem Fragespiel unterzogen haben. Die kommenden Kapitel werden Ihnen behilflich sein, Muster in Ihrem Leben zu erkennen, die Sie zuvor vielleicht übersehen haben. Wenn Sie sich erst vergewissert haben, was genau Ihr Problem ist, ist es viel einfacher, Hilfe zu finden.

Wenn ich auf frischer Tat dabei ertappt wurde, wieder einmal zu viel auf einmal tun zu wollen, oder wenn mir die

Arbeit schlicht über den Kopf wuchs und ich zugleich höllische Zukunftsängste litt, rettete ich mich oft in einen Scherz: «Sobald ich dazu komme, werde ich alles anders machen.»

Humor scheint uns durch viele (wirkliche und eingebildete) Probleme zu helfen. In Augenblicken der Panik kann ein Scherz, der einem die Gelegenheit gibt, über sich selbst zu lachen, eine scheinbar außer Kontrolle geratene Situation wieder in die richtige Perspektive rücken. Na gut, du hast also ein Problem, aber es ist nicht das Ende der Welt und wahrscheinlich nicht einmal wichtig genug, von den Vereinten Nationen diskutiert zu werden. Andererseits gäbe es in dieser Phase nichts Schlimmeres als das Problem zu verleugnen. Denken Sie an den Alkoholiker und seinen «einen Drink». Gestehen Sie sich Ihr Problem ein, beschließen Sie, dass Sie etwas dagegen tun wollen, und lassen Sie diese Entscheidung für eine Weile auf sich wirken. Wenn Sie den Drang spüren, Ihr Vorhaben aufzugeben – denn wer arbeitet schon gern daran, seine Arbeitssucht zu kurieren? –, schauen Sie sich noch einmal Ihre Testantworten an und erinnern Sie sich, dass nicht alles zum Besten steht. Oder lesen Sie einfach weiter und warten Sie ab, ob meine Erfahrungen Ihnen unangenehm bekannt vorkommen.

Kapitel 3
Russisches Roulette am Arbeitsplatz

Eine Leitersprosse war nie dazu gedacht, auf ihr
auszuruhen, sondern dem einen Fuß gerade
lange genug Halt zu bieten, dass man den anderen
auf die nächste Sprosse setzen kann.

Thomas Henry Huxley,
Up the ladder to the roof (and the ledge)

Selbst wenn Sie den Entschluss gefasst haben, eine bessere Balance in Ihrem Leben zu erreichen, kommen Sie diesem Ziel keinen Schritt näher, ohne mehr darüber herauszufinden, wie Sie überhaupt in Ihre gegenwärtige Lage geraten sind. Sie müssen sich über Ihre unbewussten Gedanken im Klaren sein, auf denen Sie Ihre Auffassung gegründet haben, dass Sie so sein «müssen», wie Sie sind. Und Sie müssen sich vor Augen führen, wie Sie Ihre kleine Welt um sich herum so eingerichtet haben, dass sie das in Ihnen fördert, was den Maßstäben gerecht werden will, die Sie sich gesetzt haben.

Beginnen Sie damit, folgende Liste von Verhaltensweisen durchzugehen. In wie vielen davon erkennen Sie sich wieder?

Dinge, die unsere Arbeitssucht nähren

- Sie lassen Ihren Computer zu Hause ständig eingeschaltet (obwohl Ihr Hauptarbeitsplatz anderswo ist).
- Sie schalten Ihren Computer niemals ab.
- Wenn Sie Ihre Büro-E-Mail von zu Hause aus einsehen können, tun Sie es Tag und Nacht. Nicht selten bekommen Ihre Mitarbeiter und Kollegen E-Mails von Ihnen, die Sie mitten in der Nacht oder frühmorgens abgeschickt haben.
- Sie erledigen die berühmten «letzten paar Anrufe» von Ihrem Handy aus. (Die Leute neben Ihnen im Zug hassen es, aber darum kümmern Sie sich nicht.)
- Sie geben Geschäftspartnern, Mitarbeitern und Kollegen (und natürlich nicht Ihren wirklichen Freunden) stets Ihre Privatnummer und ermutigen Sie, diese auch zu benutzen. («Sie können mich jederzeit erreichen.»)
- Sie räumen Ihren Büroschreibtisch vollkommen leer (einschließlich des Eingangskorbes und aller unbeantworteten Telefonnachrichten) und nehmen alles mit nach Hause, da Sie sich sagen: «Das schaffe ich heute Abend.» (Haben Sie je bemerkt, wie oft das Zeug die ganze Nacht in Ihrem Aktenkoffer verbringt?)
- Sie bieten an, ein «Projekt zu übernehmen», oder helfen einem Kollegen, obwohl Sie schon sehr viel Arbeit haben.

- Sie nehmen oft nicht an gesellschaftlichen oder familiären Anlässen oder Verpflichtungen teil.
- Sie fühlen sich körperlich und geistig erschöpft, bevor der Tag zu Ende ist, aber Sie arbeiten dennoch weiter.
- Sie versuchen «beschäftigt» zu erscheinen, obwohl Sie sich auf nichts konzentrieren können. Sie haben keinen Sinn für Prioritäten.
- Sie sind morgens immer der Erste im Büro (und eines Ihrer Privatvergnügen ist vielleicht, dass die E-Mail an Ihren Vorgesetzten lange vor neun Uhr geschickt ist).
- Sie bleiben so lange im Büro, dass Sie der Reinigungsmannschaft gute Nacht wünschen können. (Und vielleicht bereitet es Ihnen großen Genuss, als der «Marathonarbeiter» zu gelten, da Sie im Stillen glauben, dass die Kollegen, die vor Ihnen nach Hause gehen, lauter Weichlinge sind.)
- Sie nutzen die Fahrt vom und zum Arbeitsplatz nicht, um zu entspannen, sondern um «Unerledigtes» aufzuarbeiten.
- Bei gesellschaftlichen Anlässen schauen Sie ständig auf Ihren Pager und auf die Uhr. Sie haben stets Ihr Handy am Gürtel oder in der Tasche.
- Wenn ein langes Wochenende bevorsteht, sehen Sie es als eine ausgezeichnete Gelegenheit, mit der Arbeit aufzuholen, anstatt es zu nutzen, um Ihre Batterien aufzuladen.
- Wenn Sie geschäftlich (oder privat) auf Reisen sind, rufen Sie im Büro an, sobald Sie irgendwo angekommen sind.
- Sie greifen ein wenig zu oft zu Magentabletten.

- Sie verschieben Arzt- oder Zahnarztbesuche auf spätere Termine (die Sie dann ebenfalls absagen).
- Sie haben Angst und wissen nicht recht, wovor.

Ob Sie Ihren Workaholismus meistern wollen oder ob Sie gerade erst festgestellt haben, dass Sie daran leiden, in jedem Fall müssen Sie herausfinden, welche Umstände Ihre Krankheit auslösen. Wenn Sie je versucht haben, das Rauchen aufzugeben oder eine Diät einzuhalten, wissen Sie, wie solche «Auslöser» funktionieren. Es kann die Tasse Kaffee oder eine bestimmte Sorte Alkohol sein, die Ihren Appetit auf eine Zigarette anstachelt. Oder es ist die erste Gabel Cannelloni, die Sie dazu bringt, Ihre Diät zu unterlaufen und einen ganzen Teller voll herunterzuschlingen. Die Weihnachtszeit mit ihrem Familienstress, der Nostalgie für bestimmtes Essen und dem allgemeinen Druck, sich zu verwöhnen, ist berüchtigt für solche Anlässe, sich einen Drink mehr oder noch etwas mehr von dem Festmahl zu genehmigen.

Auf die gleiche Weise funktionieren auch die Auslöser der Arbeitssucht, und wie übermäßiges Essen und Trinken in der Weihnachtszeit sind auch die Dinge, die den Workaholic in Versuchung führen, öffentlich sanktioniert. Versuchen Sie einmal, dem Gastgeber der Weihnachtsparty klar zu machen, dass Sie nichts mehr zu trinken möchten, oder versuchen Sie, Ihrer Mutter zu sagen, Sie hätten genug von dem Truthahn, und Sie werden die Enttäuschung in ihren Augen sehen, wenn auch nur für einen winzigen Moment. Und dann beginnt das Überreden, und in den meisten Fällen werden Sie nachgeben. Dasselbe geschieht bei der Arbeit, wenn das eine oder andere Projekt noch den letzten Schliff braucht oder wenn der Chef am Wochenende anruft oder wenn ein Kunde von auswärts beim Abendessen Gesellschaft braucht, obwohl Sie den Abend lieber mit Ihrer Familie verbringen möchten. Das sind die Anfänge der Arbeitssucht: kleine Ängste und Unsicherheiten. Ihr Chef fragt Sie, ob Sie länger bleiben können. Sie sträuben sich und versuchen, ihn mit einer Erklärung abzuwimmeln, doch am Ende wird von Ihnen erwartet, dass Sie nachgeben. Nach einer Weile werden Sie vielleicht auf andere Auslöser anspringen, aber Ihre Anfälligkeit lässt nicht nach, und irgendwann braucht Ihr Chef Sie nicht mehr extra zu bitten, länger im Büro zu bleiben. Sie tun es von sich aus.

Eine meiner größten Versuchungen, gegen die ich immer wieder ankämpfen muss, sind die Situationen, wenn ein Klient mich um etwas bittet, bekniet oder anfleht, was eigentlich nicht in meine Domäne fällt. Ich fühle mich gern geschmeichelt, und mein Bedürfnis, «wichtig» zu sein für andere Leute, treibt mich manchmal dazu, mehr zu versprechen, als ich einhalten kann.

Was sind Ihre Auslöser? Beginnen Sie mit obiger Liste und fügen Sie andere Punkte hinzu, die auf Sie zutreffen. Sich der Auslöser bewusst zu werden, ist der erste Schritt, ihnen aus dem Weg zu gehen.

Hinter diesen Auslösern verbergen sich größere Probleme. Viele von uns verfallen dem Workaholismus, weil wir versuchen, andere Ziele zu verwirklichen oder das zu erfüllen, was wir als Bedürfnisse wahrnehmen. Betrachten wir die Hauptübeltäter.

Der Wunsch, ein guter Ernährer zu sein

Viele von uns empfinden irgendwann im Leben den Wunsch, Kinder zu haben. Wir sehen die Familie wachsen und empfinden echte Freude – zumindest am Anfang. Und dann kommen die Ängste.

Die Verantwortung für ein Kind zwingt uns, unser Verhältnis zur Arbeit neu zu überdenken. Zu Beginn sagen wir uns, wir können nicht weiterhin endlose Stunden am Schreibtisch verbringen, am Telefon oder im Flugzeug. Die Ansprüche der neuen Erdenbürger und unserer Partner stellen unsere Beziehungen auf die Probe und bedeuten für jeden eine zusätzliche Belastung.

Eigenartigerweise beginnen viele von uns den großen Rückzug von der Familie schon bald nach deren Gründung. Wie ich im nächsten Kapitel ausführlich darlegen werde, nehmen unsere Ängste zu, sobald wir die Familie auf diese Weise im Stich lassen, und wir flüchten uns in die tägliche Arbeitsroutine. Und wer wollte uns daraus einen Vorwurf machen? Schließlich «sorgen wir für die Familie».

Ich arbeitete immer härter, um meine Agentur zu einem Erfolg zu machen, weil ich meine Kinder immer schneller aufwachsen sah. Von allen Seiten – von meiner Frau und meinen Eltern, von Freunden und nicht zuletzt von mir selbst – spürte ich großen Druck, anständig für sie zu sorgen. Dieser Druck war zum Teil real. Ob man je das Geld haben wird, zwei Kinder aufs College zu schicken, ist eine berechtigte Sorge, ganz zu schweigen von all den Dingen, die Kinder heutzutage sonst noch brauchen oder erwarten. Ich bin kein Macho oder Sexist, nur weil ich das Beste für meine Familie will. Wer hat nicht schon am Ende eines normalen Arbeitstages auf die Uhr geschaut und gedacht: «Vielleicht sollte ich heute ein bisschen länger arbeiten und etwas mehr schaffen. Vielleicht komme ich damit der Gehaltserhöhung ein wenig näher.» Wir wissen alle, dass jedes bisschen mehr Geld für unsere Kinder greifbare Vorteile bringt.

Selbst wenn man sich als Ernährer der Familie schon einigermaßen bewährt hat, heißt das nicht, dass man mit dem Schuften aufhören kann. Die Familie erwartet heute einen gewissen Lebensstandard, einen Standard, der immer höher wird.

Meine Familie war bald gewohnt, teure Urlaube zu genießen, häufig essen zu gehen, in einem großen, schönen Haus zu wohnen und fast jedes Videospiel in fast jedem Format zu besitzen, das auf der Welt zu haben war. Das Problem war nicht, dass sie darum baten. Sie baten eigentlich sehr selten um materielle Dinge. Dass ich diese Dinge für sie beschaffte, hatte fast ausschließlich mit meinem Selbstwertgefühl zu tun. Ich stürzte mich mit Haut und Haaren in meine Rolle als der «große Ernährer».

Das schmutzige kleine Geheimnis in Familien mit zwei Verdienern ist, dass der oder die mit dem größeren Einkommen stets die Macht hat. Das wissen beide Partner. Solange man diese Ordnung nicht in Frage stellt, fühlt sich der Partner mit dem größeren Gehaltsscheck auch eher berechtigt zu entscheiden, wie dieses Geld ausgegeben wird. In den meisten Familien mit zwei Einkommen bringt der Vater mehr Geld nach Hause, und von da aus ist es nicht weit zu der Situation, wo «Vater alles bestimmt». Es ist einfach unausbleiblich, es sei denn, beide Seiten reden offen darüber und diskutieren die Lage ohne Zorn oder Bitterkeit. Das Gefühl, mehr Macht zu haben, mehr zu sagen zu haben und in den meisten Fällen seinen Willen durchzusetzen, wird leicht zur lieben Gewohnheit. Wenn der «Herr im Hause» mehr Geld verdient als seine Frau, nährt das nur sein Bedürfnis, noch mehr Überstunden zu machen und damit sicherzustellen, dass das Machtpendel in der Familie noch weiter in seine Richtung schwingt. Er verirrt sich immer mehr im Labyrinth seiner Arbeitswelt, das zugleich seine Zuflucht ist.

Wenn wir denn solche Spitzenernährer sind, was ist es dann, wofür wir sorgen? Die meisten von uns würden hierauf antworten, wir versuchen unsere finanziellen Ziele zu erreichen: die Kinder durch ihre Ausbildung bringen, für den Ruhestand vorsorgen und so weiter. Doch betrachten Sie einmal genauer, wo all das Geld hingeht. Wie viel davon geben wir aus, um unsere Lieben und uns selbst zu verwöhnen, weil wir oder sie «es verdient haben»? Lesen Sie dazu Linda Kelley, Autorin von *Two Incomes and Still Broke?*[*]

Wegen des Drucks und der Anspannung (in unserer Arbeit) belohnen wir uns selbst und unsere Partner mit unnötigen Anschaffungen – und weil wir es verdient *haben. Wir überhäufen unsere Kinder mit schuldbewussten Geschenken als Wiedergutmachung für die Zeit, die wir ihnen nicht schenken können, und weil sie* es verdienen. *Wann sind Sie das letzte Mal nach einer Geschäftsreise mit leeren Händen nach Hause gekommen? … Belohnungs- oder Schuldkäufe können*

* «Zwei Einkommen und dennoch pleite?»

zu einer echten Familienplage werden. Der überarbeitete Ernährer belohnt sich, indem er sich ständig neue CDs kauft, um sich auf der Heimfahrt damit zu entspannen. Seine Frau bemerkt seine wachsende Musiksammlung und kommt zu dem Schluss, dass sie sich nun das Recht verdient hat, jeden Freitagabend Pizzas kommen zu lassen, was er wiederum als Rechtfertigung sieht, sich einen besseren CD-Player zu kaufen. Sie betrachtet den CD-Player als Beweis, dass sie sich neue Teppiche leisten können … Der Wettbewerb, in diesem Belohnungskaufrausch nicht den Kürzeren zu ziehen, kann in einen Kalten Krieg ausarten, wo jede neue Anschaffung eher als Vergeltungskauf *zu bezeichnen ist: «Wenn du das verdient hast, dann habe ich das hier verdient», sagen sich die Partner. Diese Einstellung führt schnell zu weiteren Problemen, die Ihre Ehe gefährden.*

Wann immer ich in dieses Bild vom großen Ernährer abzurutschen drohe, rufe ich mir folgenden weisen Rat aus Suze Ormans *The 9 Steps to Financial Freedom* ins Gedächtnis:

Tun Sie für eine Weile so, als wäre Ihre Wohnung ein Kaufhaus. Gehen Sie durch die Zimmer und stellen Sie sich vor, Sie hätten alle Artikel in diesem Kaufhaus mit Preisschildern zu versehen. Sie wissen, was Sie für Ihr Sofa, Ihren Kühlschrank, Ihre Waschmaschine, Ihren Esstisch, Ihre Schränke und Ihr Auto bezahlt haben, als Sie sie neu gekauft haben. Was, glauben Sie, sind sie jetzt wert? Wählen Sie Ihre Preisschilder danach aus, was Ihre Sachen heute wert wären, wenn Ihr Leben tatsächlich ein Warenhaus wäre.

Als Nächstes schauen Sie sich die Dinge an, die Ihnen wirklich wichtig sind, Dinge, die für Sie voller Bedeutung und Erinnerungen sind, Dinge, die Ihnen am Herzen liegen. Die Werkzeuge, die Ihr Vater Ihnen vermacht hat, bevor er starb. Die lustige Lampe, die Sie frisch verliebt mit Ihrer ersten Freundin gekauft haben, damals, als Sie noch dachten, nichts wäre unmöglich. Die Steiftiere Ihrer kleinen Tochter, sauber aufgereiht auf einem Regal. Familienfotos, ein Trauring und das Gemälde über dem Kamin, das erste Kunstwerk, das Sie je erworben haben … welche Preise würden Sie diesen Dingen zuordnen? Was Sie damit eigentlich fragen, ist: Was ist mein Leben wirklich wert?

Statusbedürfnis

Das Massenblatt *USA Today* hat kürzlich aus dem *Wirth Report* zitiert, in dem untersucht wurde, was Männer und Frauen mehrheitlich als wichtige Ziele in ihrem Leben ansehen. Hier einige Ergebnisse:

- **«Einen dankbaren Beruf ausüben»:** mehrheitlich von Männern angekreuzt.
- **«Finanziell erfolgreich sein»:** mehrheitlich Männer.
- **«Persönliche Beziehungen entwickeln», sprich Freundschaften aufbauen:** mehrheitlich Frauen.
- **Einen «tieferen Sinn im Leben» und «spirituelles Wachstum» finden:** mehrheitlich Frauen.

Die Liste geht weiter, doch schon an diesen wenigen Beispielen lässt sich ablesen, dass in den Lebenszielen von

Männern und Frauen grundlegende, geschlechtsspezifische Unterschiede existieren. Es reicht jedoch nicht, nach solchen Unterschieden hinsichtlich Einstellung und Sehnsüchten zu suchen. Frauen sind nicht weniger ehrgeizig als Männer, doch weiblicher Ehrgeiz wird öfter durch das Bedürfnis und den Wunsch gemäßigt, die richtige Balance zwischen Arbeit und Privatleben zu finden. Wir Männer sollten von den Frauen lernen.

Sobald ein Mann einen gewissen Erfolg hat, setzt das Begehren ein, immer besser und noch erfolgreicher zu werden. Er ist auf dem Weg nach oben und alles sieht glänzend und viel versprechend aus, doch er strebt nach immer mehr Erfolg. Er will beneidet, bewundert, vielleicht gar gefürchtet werden. Sein grausamer Drang nach einem noch größeren, höheren, angeseheneren Rang am Arbeitsplatz ist wie ein unstillbarer Durst.

Viele von uns kennen den Adrenalinrausch auf dem Weg nach oben. Haben Sie den Gipfel schon erreicht? Warum spüren Sie das Bedürfnis, noch mehr zu tun, Ihren Job noch besser, noch effektiver zu machen, und warum fühlen Sie sich gleichzeitig leer, ohne innere Entschlossenheit und Richtung?

Platzhirsch-Verhalten und Workaholismus

Männer, die es nach oben drängt – was immer sie dort erwartet –, sind auf dem Weg, Workaholics zu werden. Dies ist eine Arena, wo die Stunden nicht zählen, die man zu Hause beiträgt. Männer gratulieren sich nicht dafür, großartige Väter zu sein. Bis vor sehr kurzer Zeit war Vaterschaftsurlaub nach der Geburt eines neuen Familienmitglieds etwas Undenkbares. Der Platzhirsch ist derjenige, der am Arbeitsplatz etwas leistet und sein Rudel dazu bringt, etwas zu leisten. Der Platzhirsch am Arbeitsplatz behält jeden anderen Mann und dessen Arbeitspensum genau im Auge.

Zum Platzhirsch kann man nur werden, wenn man mehr leistet als die anderen Aspiranten für diese «Würde», wenn man mehr und länger arbeitet und mehr produziert. Es ist ein Wettbewerb, ein Sport. Und es ist unmenschlich.

Finden Sie sich in Ihrem mächtigen Drang nach oben emotional verlassen?

Wer einmal einen bestimmten Status empfunden hat, findet es schwer, davon abzulassen. Geld und Status machen alles so einfach. Wir wissen, was ein Mercedes kostet, und wir wissen, dass wir nicht die Einzigen sind, die das wissen. Statussymbole werden zum Ausdruck unseres Selbstwertgefühls. Die anderen brauchen nur den Stern an Ihrem Wagen zu sehen, wenn sie wissen wollen, was Sie wert sind. Mehr brauchen sie nicht zu wissen. Nichts anderes in unserem Leben oder im Leben unserer Familien, Freunde und Kinder lässt sich so einfach berechnen. Wirkliche Beziehungen mit wirklichen Menschen sind kompliziert und unordentlich und jenseits unserer Kontrolle. Sie beruhen auf Konsens, auf Geben und Nehmen.

Wir klammern uns an unseren Status, weil Status keine Gegenleistung von uns verlangt. Solange wir die Raten für den Mercedes bezahlen können, lässt er uns in Frieden.

Mit dem Statusbedürfnis als Auslöser von Workaholismus wird man zum Glück leichter fertig als mit anderen Auslösern, da, bei allem Druck von außen, der uns zum Erfolg drängt, der größte Druck von uns selbst kommt.

Wir können unsere Sehnsüchte nach materiellen Dingen erkennen und bekämpfen, besonders indem wir neue Wege finden, unseren Wert zu messen.

Rund um die Uhr

Es wäre leicht, die heutige Arbeitswelt für alles verantwortlich zu machen. Wenn ich daran denke, wie schwer mein Vater gearbeitet hat, wie viele Geschäftstreffen er abgehalten hat, wie viele Anrufe er beantwortet und wie viele Briefe er geschrieben und gelesen hat, dann erscheint mir sein Arbeitspensum geradezu lächerlich gering im Vergleich zu dem, was manche Leute heute schaffen. Heutige Geschäftsleute leiden wirkliche Ängste vor den Wettbewerbern, weil irgendwo tatsächlich immer jemand bereit ist, es besser, schneller und billiger zu machen. Und wie reagieren wir darauf? Indem wir noch mehr schuften.

Oft ist es richtig, diese Verhältnisse als das anzusehen, was uns dazu bringt, zu hart und zu viel zu arbeiten. Doch ist es wirklich nur unsere Reaktion auf die Arbeitswelt, oder schieben wir die Zwänge, die uns ein globaler, rund um die Uhr geöffneter Arbeitsplatz auferlegt, lediglich als Entschuldigung vor, um uns in unsere Arbeit zurückziehen zu können? Das ist die Frage, der wir uns bewusst sein müssen, wenn wir Arbeitsdruck als einen Auslöser von Arbeitssucht nennen. Reagieren wir auf den Anruf mit fieberhafter Aktivität, weil die Sache wirklich dringend ist, oder wollen wir nur, dass es dringend ist? Ich erinnere mich an die Zeit, als ein Fax die schnellste Art war, wenn man jemanden dringend erreichen wollte. Danach kam

FedEx, ein großartiges Mittel, etwas wichtiger erscheinen zu lassen, als es ist. Und dann tauchten E-Mail und Internet auf und beraubten uns jeder noch denkbaren Entschuldigung, etwas nicht *sofort* zu erledigen. Doch wie oft haben Sie schon eine E-Mail oder ein Fax erhalten oder einen FedEx-Kurier empfangen und dann erkannt, dass die Sache eigentlich hätte warten können? Der «wichtige» Brief hätte auch die drei Tage überlebt, die die normale Post gebraucht hätte, ihn zuzustellen. Obwohl wir vielleicht anders darüber denken möchten, ist die meiste Arbeit, die wir verrichten, nicht so dringend, nicht so lebenswichtig.

In seinem Buch über unsere immer heftigere Liebesaffäre mit schnellem Tempo, *Schneller!*[*], schreibt James Gleick über dieses Phänomen am Arbeitsplatz:

In einer weniger vernetzten Zeit wurde das Tempo jedes Geschäftes, das auf Schriftverkehr beruhte, von der Post bestimmt, das heißt, zwei, vier, sechs oder noch mehr Tage lagen zwischen den Antworten. Dann gab es den Overnight-Kurier und dessen Kinder des Industriezeitalters – im Jargon von Federal Express «expedited cargo», «just-in-time-delivery», «high-speed premium transportation» und «automating and streamlining the supply chain». Wenn etwas unbedingt am nächsten Tag da sein sollte, bot Federal Express seine Dienste an. In einer Welt vor Federal Express, als «es» einfach nicht am nächsten Morgen da sein konnte, musste es das auch selten. Jetzt, wo es kann, muss es. Wie viele der Techniken, die unser Leben beschleunigen, brachte auch der Overnight-Kurier seinen ersten Kunden einen Wettbewerbs-

James Gleick: Schneller! © *2000,* Deutsche Verlags-Anstalt GmbH, Stuttgart/München, S. 91.

vorteil. Als jeder mit dem Service zu arbeiten begann, war die Gleichheit wiederhergestellt, und nur das generell schnellere Tempo blieb.

Wie so viele von uns habe ich einen Korb für Eingänge und einen für Ausgänge. Lange Zeit drang ich manchmal wochenlang nicht zum Boden meines Eingangskorbs vor. Ich schleppte den Inhalt mit mir herum wie ein Besessener und machte mir Sorgen, weil der Stapel immer dicker wurde. Am Ende jeden Tages schwor ich mir, den Korb zu leeren, und machte mir dann Vorwürfe, weil ich es nicht tat. Und was fand ich, als ich schließlich dazu kam, den Korb bis auf das letzte Blatt auszuräumen? 99 Prozent der Memos, Notizen, Schnipseln aus Magazinen und Zeitungen waren vollkommen nutzlos. Sie hatten nicht das Geringste damit zu tun, woran ich gerade arbeitete oder was momentan wichtig war. Sie hatten für mich nicht den geringsten Nutzen.

Ich streite nicht ab, dass ich auf einen oder zwei Zettel stieß, die ich vor Wochen hätte lesen und bearbeiten sollen, aber was soll's? Das Ganze wäre zum Lachen gewesen, wenn ich meinen «Eingangskorb» nicht so furchtbar ernst genommen und für so lebenswichtig gehalten hätte.

Sosehr ich mich auch bemühe, die Angewohnheit loszuwerden, wenn ich ein Geschäft beschleunigen oder eines, das seit Wochen im Raum steht, zum Abschluss bringen will, benutze ich Fax oder E-Mail immer noch öfter als das Telefon, weil selten jemand auf der Stelle an den Apparat geht. Und ich brauche meine Antwort natürlich «auf der Stelle».

Was natürlich nicht stimmt, weder für mich noch für

Sie. Es sei denn, Sie sind ein Herzchirurg mitten in einer Transplantation. Wir sollten ein wenig Abstand nehmen und uns fragen, was dringend ist und was warten kann.

Wir sollten uns auch eingestehen, dass wir das Gefühl der Wichtigkeit, das all dieses Schnell-Schnell mit sich bringt, ein wenig genießen. Es ist eine zusätzliche Bestätigung, dass es auf uns ankommt, dass wir im Zentrum der Aktivität stehen oder, wie James Gleick es in *Schneller!* ausdrückt:*

Wir beschweren uns zwar über den Informationsüberfluss, aber schätzen ihn dennoch sehr. Wir schließen nicht unsere E-Mail-Accounts, im Gegenteil, wir kaufen Taschencomputer, Funk-Modems und Mobiltelefone mit winzigen Bildschirmen, um sicherzugehen, dass wir uns vom Strand oder vom Berggipfel aus einloggen können.

Der Ökonom Herbert Stein, der die neuartigen Horden von Männern und Frauen beobachtet, die in den Städten auf den Bürgersteigen mit an Ohr und Mund gepressten Handys herumlaufen, urteilt, dass unser Bedürfnis nach Information auf Abruf ein genauso primitiver Instinkt wie der eines jeden Tiers ist.

Es ist die Möglichkeit, mit jemand anderem, irgendjemandem in Kontakt zu sein, der einem versichert, dass man nicht allein ist. Man mag sich einbilden, bloß seine Mailbox abzufragen, doch tief im Inneren befragt man die eigene Existenz.

* A. a. O., S. 96–99.

Perfektionismus: Wenn man sich selbst der schlimmste Feind ist

Nichts, was ich tue, ist je gut genug. Ich weiß nicht, wie oft ich mir das schon gesagt habe oder wie viele Workaholics, die ich getroffen habe, ebenso empfunden haben. Diejenigen unter uns, die diesem Auslöser zum Opfer fallen, brauchen keinen Boss, der sie antreibt. Unser eigener Perfektionismus ist unser Zuckerbrot und unsere Peitsche. Wie oft haben Sie schon einen Geschäftsvorschlag oder einen Brief neu aufgesetzt, weil er nicht «ganz stimmte». Oder wie oft haben Sie schon eine Aufgabe erledigt und sich gleich darauf selbst kritisiert, wie unzulänglich Ihre Arbeit war. Und dann schwören Sie sich natürlich, es beim nächsten Mal besser zu machen, mit dem nächsten Geschäft einen Durchbruch zu schaffen oder mit den nächsten Verkäufen jeden Rekord zu brechen.

Das Gefährliche an diesem Auslöser ist, dass wir ihn nicht immer erkennen. Schließlich *müssen* wir zu Selbstkritik fähig sein, wenn wir unseren Job auch nur annähernd ordentlich machen wollen. Paradoxerweise steht Perfektionismus solchem Urteil jedoch im Weg. Wer auf diesen Auslöser anspringt, ist davon überzeugt, er würde als Aufschneider entlarvt, wenn er seine Arbeit nicht perfekt erledigt. Doch wer schaut uns so genau auf die Finger? Die Antwort ist gewöhnlich: Niemand. Wir selbst sind es, die uns so kritisch unter die Lupe nehmen.

Perfektionismus bringt den Arbeitssüchtigen dazu, noch härter zu arbeiten. Es gibt nichts, was nicht verbesserungsfähig wäre. Das ist das Kredo des Perfektionisten – obwohl es ein Märchen ist.

Wir müssen lernen zu akzeptieren, wenn eine Arbeit ordentlich erledigt ist oder wenn der erste Entwurf eines Briefes in Ordnung ist. Wir müssen lernen, nicht jeden Satz auf die Goldwaage zu legen und jede Bilanz zu Tode zu analysieren. Nehmen Sie sich vor, freundlicher mit sich umzugehen und sich nicht ständig selbst zu verurteilen. Wie oft haben Sie schon einen Freund oder ein Kind mit den Worten getröstet: «Schon gut, niemand ist vollkommen»? Sollten Sie nicht endlich auf Ihren eigenen Rat hören?

Vergessen Sie nie: Nichts, was von Menschen erschaffen wird, ist je «perfekt». Ich habe gelernt, besser hinzuhören, wenn andere mich loben – sei es für meine Arbeit oder auf persönlicher Ebene –, und mich weniger um meine eigenen Erwartungen zu kümmern.

Der unsichtbare Mann

Wenn Sie zu jemandem geworden sind, der sich verkriecht – zu Hause und am Arbeitsplatz – und damit sowohl in seiner Familie als auch unter Kollegen und Mitarbeitern Schmerz und Verständnislosigkeit auslöst, stehen Sie kurz vor Ihrem Tiefpunkt. Sie beginnen, sich als Opfer zu fühlen, ein Opfer des Drucks, unter den Sie Ihre Arbeit und Ihre Familie stellen. Sie sind fertig. Sie können praktisch niemandem mehr etwas geben, vor allem sich selbst nicht.

Ihre Gesundheit lässt Sie allmählich im Stich. Vielleicht beginnen Sie zu trinken oder Drogen zu nehmen, was immer den Schmerz des selbst verschuldeten Exils lindert, in das Sie sich nun begeben. Früher war Ihre Arbeit schon Betäubung genug, doch die Zeiten sind nun vorbei.

Woraus bestehen die Tage und Nächte eines Mannes, der sich so zurückgezogen hat?

- Emotionale Distanz und emotionale Bedürftigkeit
- Depression
- Verlust aller Freunde
- Kampf gegen eingebildete Feinde
- Sinnlose Verhaltensweisen
- Zu viel Essen
- Zu wenig Essen
- Saufgelage
- Drogenmissbrauch
- Streitsucht
- Sexuelle Abenteuer oder sexuelle Verarmung
- Mangel an persönlichen Kontakten
- Abstand zur engsten Familie; allgemeine Zurückgezogenheit
- Zielloser Zorn
- Ein Gefühl der Ohnmacht

Dies sind echte Alarmsignale. Es wäre keine Übertreibung zu sagen, dass jedes einzelne dieser Symptome zu Ihrem vorzeitigen Tod führen kann. Wenn Sie über längere Zeit sechs oder sieben dieser Verhaltensweisen mehr oder weniger betont zeigen, sind Sie höchstwahrscheinlich Ihrem Tiefpunkt nahe.

Manche von Ihnen mögen sich beim Lesen dieses Kapitels überlegt haben, wie sie in Zukunft verhindern können, auf die alltäglichen Auslöser anzuspringen. Manche von

Ihnen mögen diese Auslöser als Teil ihrer Vergangenheit ansehen, während ihre heutigen Probleme weit darüber hinaus gehen. Es sind nicht die Faxe und der Chef und der Erfolgsdruck und das Statusbedürfnis. Es ist alles zusammen. *Alles* ist schwer und nichts ergibt einen Sinn. Ich kam zu diesem Punkt, wo etwas so Einfaches wie sich morgens anzukleiden kaum noch möglich war. Es kam mir wie Arbeit vor, mich um mich selbst zu kümmern. Ich hatte den Punkt erreicht, wo ich mich unsichtbar zu fühlen begann.

Kapitel 4
Der unsichtbare Mann verschwindet

Kehren Sie zu den ersten Seiten dieses Buches zurück, wo ich Harry Chapins Lied *Die Katze im Körbchen* zitiert habe. Vielleicht haben Sie die Verse einfach überblättert und nicht einmal bemerkt. Vielleicht haben Sie sich das Lied angeschaut und sich an die Zeit in den Siebzigerjahren erinnert, als es fast ununterbrochen von allen Radiosendern gespielt wurde. Wie für alle Modeprodukte der Fall, mögen uns die Haarschnitte, die Bücher und die Lieder der Siebzigerjahre, die damals genau zu stimmen schienen, heute nur noch klischeehaft erscheinen. Wenn Sie das Lied noch nicht kannten, haben Sie die Worte vielleicht gelesen und sich gedacht: Das hat man damals bestimmt für sehr tief schürfend gehalten, doch heutzutage klingt es vollkommen überholt. Als ich das Lied zum ersten Mal hörte, dachte ich: *«Ich werde niemals zulassen, dass es mir und meinen Kindern so ergeht.»* Wie hätte es auch geschehen sollen, angesichts der Meinung, die ich über die Arbeitswut meines Vaters hatte? Aber es geschah dennoch, und nicht nur, weil ich mich freudig und willig von meinem Arbeitsnarzissmus verführen ließ. Ich wurde zu einem wandelnden Klischee: Der große Ernährer und Vater, der nie da ist. Der unsichtbare Mann.

Zugegeben, anfangs hatte ich eine phantastische Entschuldigung. Nach Wendys Entscheidung, daheim zu bleiben und sich um unser erstes Baby zu kümmern, war ich der Einzige, der ein Einkommen nach Hause brachte. Wir brauchten das Geld, um die Hypothek auf unser Haus und die Babysachen zu bezahlen und um für Michaels Zukunft vorzusorgen. Dann gründeten Wendy und ich unsere neue Agentur, die uns – wie jede Neugründung – am Anfang rund um die Uhr beanspruchte. Ich stürzte mich mit Freuden in die Arbeit, um unser Unternehmen in die Stratosphäre zu befördern und dafür zu sorgen, dass es nie an Höhe verlor.

Wendy übernahm dafür, wie schon erwähnt, 100 Prozent der zweiten Schicht. Sie half im Büro aus und schleppte sich dann nach Hause, um für ein Kleinkind und ein Neugeborenes zu sorgen. An den Wochenenden versuchte ich ihr zu helfen, doch Wendy war so daran gewöhnt, praktisch alles zu tun, dass sie nach der Arbeitswoche einfach so weitermachte. Waschen, füttern, Windeln wechseln – ich war mehr als glücklich, ihr diese Dinge zu überlassen.

Die Kluft wird größer

In ihrem bahnbrechenden Buch, *Kidding Ourselves: Breadwinning, Babies, and Bargaining Power,** diskutiert Rhona Mahony – eine Anwältin, die sich darauf spezialisiert hat,

* «Selbstbetrug – Zwischen Baby und Broterwerb».

Frauen zu helfen, eine fairere Arbeitsteilung auszuhandeln – die Ursachen, weshalb Frauen so oft mit dem Löwenanteil der Kinderpflege enden, selbst wenn sie ihre Männer bewusst dazu ermutigen, ihren Teil beizutragen.

Mahony meint, eine der Schwierigkeiten sei hier, dass unsere Frauen neun Monate Vorsprung haben, was ihre emotionale Bindung zu unseren Kindern angeht. Bei aller Aufregung, die ich als werdender Vater empfand, hatte ich keinen Fötus im Leib, der mich durch Tritte und Stöße an seine Anwesenheit erinnerte. Naturgemäß entwickelte Wendy von Anfang an eine stärkere Bindung zu unseren Kindern, und diese Bindung setzte sie weit früher als ich in die Fähigkeiten um, die man als Eltern braucht. Alles, was ich tun konnte, machte Wendy besser. Mahony beschreibt ein Paar, dessen Erfahrungen genau mit den unseren übereinstimmen:

Jack liebte sein Baby, doch er hatte nicht die Monate der Anstrengung und Unbequemlichkeit – die Schwangerschaft – hinter sich, die Alices Gefühle so stark machten. Wenn das Baby gerade fünf Minuten geschrien hatte, lief sie ins Kinderzimmer und schaute nach der Windel … Alice vernachlässigte die einzige Methode, wie Jack in seiner emotionalen Bindung zu dem Baby hätte aufholen können. Sie gewährte ihm keine Perioden, in denen er allein für das Baby verantwortlich war. Das kam ihr nie in den Sinn, weil Männer in ihren Augen natürlich vollkommen untauglich waren, wenn es um Babys ging, und es gar nicht erst versuchen sollten. Jack glaubte das ebenfalls. So kam wunderbar zusammen, was sie als Kinder gelernt hatten, welche Einstellungen sie vertraten und welche Pläne sie hatten.

Einmal, als Alice gerade am Telefon war, folgte Jack jedoch einem Impuls und wechselte eine nasse Windel. Die neue Windel saß ziemlich schief, doch er bedeckte sein Baby ordentlich mit Puder und legte die nasse Windel in den Abfallkorb. Das Baby lächelte ihn an und gurrte glücklich vor sich hin.

Gar nicht so schwer, dachte Jack.

Als Alice mit dem Telefonieren fertig war und zum Wickeltisch kam, schrie sie auf. Es sah aus wie nach einer Explosion in einer Mehlfabrik. Der Abfallkorb stand offen und das Baby kroch neugierig darauf zu.

Alice ließ Jack wissen, dass er ein Idiot war, dass das Baby im Begriff war, in schmutzigen Windeln zu ersaufen, dass er gerade zwei Dollar an Babypuder verschwendet hatte und dass er das nächste Mal, wenn er auf die Idee käme, ihr einen Gefallen zu tun, sich in den Keller verziehen und dort sitzen bleiben sollte.

Jack gefiel das gar nicht. Die zarte Knospe ersten Experimentierens, das erste, keimende Selbstvertrauen und die dämmernde Erkenntnis, dass eigenhändige Babypflege auch ihre Freuden und ihren Lohn hatte, waren wie unter einer eisigen Lawine begraben. Jack bot nie mehr an, einem seiner Babys die Windel zu wechseln, es anzuziehen, zu füttern oder zu baden … Er hatte keine Ahnung, dass Jamie gegen Wolle allergisch war, wer die Babysitterin von Sallys bester Freundin war, oder wie das Rührei zuzubereiten war, damit Paula es aß. Erfolgreiche Kinderpflege heißt, zwei Millionen Einzelheiten zu beherrschen, multipliziert mit der Anzahl der Kinder, zuzüglich der Wechselwirkungen innerhalb jeder erdenklichen Kombination von Kindern. Jack wusste nicht einmal, dass diese Formel existiert.

Mein Leben als Vater war genau wie Jacks. Wendy schien fast mühelos in die Mutterrolle zu schlüpfen. Sie schien immer zu wissen, was zu tun war. (In den endlosen Stunden, die sie damit verbrachte, Fehler zu machen, Lösungen zu erfinden und zu üben, bis alles stimmte, war ich natürlich nicht zugegen. Dies war die Zeit, die jeder zu investieren hat, der die verblüffende Vielfalt von Fähigkeiten erlernen will, die man braucht, um sich um Babys und Kinder kümmern zu können.) Ich fand das alles sehr schwierig und Wendy schüttelte nur den Kopf, wenn ich es versuchte. Oder sie würde kommen, wenn ich es mir gerade mit einer Zeitung bequem gemacht hatte, und verkünden, dass der oder der versorgt werden musste. Ich sprang also auf und tat es – nur um danach kritisiert zu werden, wie schlecht ich es gemacht hatte. So motivierte mich Wendy auf ziemlich nachhaltige Weise, mich ganz aus der Kinderpflege zurückzuziehen, nach dem Motto: «Glaubst du, du kannst es besser als ich? Das wollen wir doch mal sehen!»

Ich begriff damals nicht, wie wir damit die traditionelle Kluft zwischen Vätern und Müttern nachlebten. Zum Teil glaubte ich dem Mythos, dass Mütter von Natur aus die besseren Eltern sind, obwohl ich heute überzeugt bin, dass das nicht stimmt. Es machte mir große Freude zu beobachten, wie Wendy in ihrer Mutterrolle schwelgte, und sie war so unglaublich gut darin. Alles, was sie tat, wirkte so natürlich. Ich dagegen fühlte mich unbeholfen und unnütz – ein Gefühl, das ich in Zusammenhang mit meiner Arbeit niemals hatte.

Zum Teil war ich erleichtert, dass ich mit all den schmutzigen Windeln nichts zu tun hatte und dass ich von den Pflichten befreit war, Breichen ins Babymaul zu stopfen und danach das obligate «Bäuerchen» herauszumassieren. Man gibt es nicht gern zu, aber vieles an der Kinderpflege ist schlicht langweilig. Hunderte und Tausende von Windeln, tagaus, tagein, und Tonnen von ausgespucktem Essen, das es aufzuwischen gilt – wer möchte sich schon damit abgeben? Nach einem Tag harter Arbeit im Büro hatte ich wenigstens etwas vorzuweisen, doch nach einem Tag mit einem Baby kann man nur auf ein paar schmutzige Windeln und einen Korb voll schmutziger Babykleidung zeigen. Ich bin ein erfolgsorientierter Mensch, und das Kindergroßziehen bietet leider keine schnellen Erfolgsergebnisse. Man verdient sich damit keinen Blumenstrauß.

Ein anderer angenehmer Aspekt meines Rückzugs war die Erleichterung, dass ich immer eine plausible Entschuldigung hatte, zu entspannen, wenn ich nach Hause kam. Ich konnte es immer weniger ertragen, dass ich keine Zeit für mich selbst hatte. Jede Minute schien ausgefüllt zu sein. Es gab keinen Augenblick, wo nicht irgendjemand etwas von mir wollte. Offen gestanden kam ich nie auf den Gedanken, dass vielleicht auch Wendy Zeit für sich selbst brauchte; wie muss sie von ihren doppelten Pflichten unendlich erschöpft gewesen sein. Ich dachte einfach, es machte ihr Freude, was sie tat. Dieses Denken fiel mir ziemlich leicht.

Nach Michaels Geburt wurmte mich zunehmend, wie viel Aufmerksamkeit er brauchte und bekam. Einer der Gründe, weshalb Workaholics so oft in Eheprobleme geraten, ist, dass sie es zulassen oder gar unterstützen, dass ihre Frauen sich allein um die Kinder kümmern und den Ehemann ausschließen. Es ist wie ein Tanz, für den einem niemand die Schritte beigebracht hat. Man steht nicht für die Ehefrau oder die Kinder zur Verfügung, also steht sie weniger für den Mann zur Verfügung und verbringt folglich noch mehr Zeit mit den Kindern. Man fühlt sich immer mehr ausgeschlossen und wird immer wütender darüber. Irgendwann fühlte ich mich im Vergleich zu den Kindern wie ein Mensch zweiter Klasse. Ich redete mir ein, ich bekäme nur die Reste ab, sowohl emotional als auch in anderer Hinsicht, während die Kinder immer nur das Beste von Wendy bekamen. Dieses Denken machte es mir leicht, mich noch mehr zu distanzieren.

Ich glaube, ich habe es mir nie eingestanden, aber bestimmt dachte ich, es stehe mir zu. Warum sollte ich nicht mehr Zeit zur Entspannung haben, wo ich doch so viel arbeitete? Unbewusst verfiel ich dem Denken, das meine Arbeit die *echte* Arbeit war (nämlich die, welche das Geld einbrachte), während Wendys beträchtlicher Einsatz nicht die Art Arbeit war, nach der sie es verdient hätte, sich mit einer Zeitung in einen Sessel fallen zu lassen und in Ruhe an einem Drink zu nuckeln. Jeder, der je einen Tag in Gesellschaft eines Neugeborenen verbracht hat, weiß, welch ein Unsinn das ist. Wendy arbeitete in Wirklichkeit viel härter als ich, und das mit weniger Schlaf, und von mir bekam sie kaum je eine Anerkennung dafür. Ein Freund brachte mir dann den alten Reim bei, der Hausfrauen wahrscheinlich das Blut in den Adern gefrieren lässt, wenn sie vollkommen von der Großzügigkeit des Ehemanns abhängen, um die Familie zusammenzuhalten: «Klatscht die Hände, klatscht die Hände, Papa ist daheim, denn Papa hat Geld und Mama hat keins.» Es war der Verdiener, der seine Ruhe brauchte.

Heute ist mir klar, um wie vieles ich mich selbst gebracht habe. Ich würde nie behaupten, eine schmutzige Windel sei der Schlüssel zum Paradies, doch wie viel ist mir entgangen. Ich liebe meine Jungen sehr, aber als sie klein waren, konnte ich nie eine echte Bindung zu ihnen aufbauen. Die «langweiligen» alltäglichen Pflichten wären in Wirklichkeit Gelegenheiten für mich gewesen, sie kennen zu lernen und mit ihnen zu kichern, zu lächeln und Geschichten zu lesen.

Unbewusst maß ich meine Zufriedenheit daheim an meiner Zufriedenheit bei der Arbeit, was mit Sicherheit der falsche Maßstab ist. Nur ein Dummkopf würde erwarten, wer sich um Säuglinge oder Kinder kümmert, würde die gleiche Art Freude empfinden, die einem ein erfolgreiches Geschäftsessen mit einem Kunden machen kann. Der immense Lohn des Elterndaseins kommt nicht in Portionen und nicht nach Plan. Der Gewinn aus der Zeit, die man in das Aufbauen einer Beziehung zu seinem Kind investiert, stellt sich vollkommen unvorhersehbar über viele Jahre ein. Es ist unsinnig, dies mit der ergebnisorientierten Arena der Arbeitswelt zu vergleichen, wo man sein regelmäßiges Einkommen hat, wo die Mitarbeiter im Allgemeinen nicht mit Essen um sich werfen (oder wenigstens nicht in unkontrollierbare Weinkrämpfe ausbrechen oder die Windeln gewechselt haben müssen) und wo man gewöhnlich weiß, was man tut.

Papa ist nicht da

Ein Preis für meine Abwesenheit war, dass mir mancher wunderbare Augenblick entging, als die Kinder aufwuchsen. Ich hatte mir geschworen, ein Tagebuch zu führen, in dem ich all die «lustigen» und «schlauen» Dinge festhalten wollte, die kleine Kinder oft sagen. Dieses Buch wollte ich dann später auf Familientreffen zücken und vorlesen, zu unser aller Belustigung. Erinnert ihr euch, wie ...? Doch das Buch ist leer. Keine einzige Eintragung. Wie könnte es auch anders sein, wo ich doch nie da war?

Irgendwo wusste ich, dass ich viele der Meilensteine verpasste, die ersten Schritte, ersten Worte und all die anderen ersten Dinge. Doch allzu oft stellte ich mir auf der Heimfahrt vor, was auf mich zukam, sobald ich die Haustür öffnete, die Forderungen, das Schreien und Jammern, und mein Magen krampfte sich vor Furcht zusammen. (Warum werfen wir uns nur immer als Erstes gegenseitig die Probleme vor die Füße, anstatt von dem Guten zu berichten, das am Tag geschehen ist?) Es war eine Erleichterung für mich, die grauenhafte Stunde gegen Ende des Tages zu verpassen, die gewiss alle Eltern kennen, die Zeit, wenn alles zusammenzubrechen scheint. Am Nachmittag sind die Kleinen glücklich und wahre Engel, doch wenn es auf das Abendessen zugeht, ist das Baby überstimuliert, erschöpft und schlecht gelaunt und beginnt zu weinen. Die etwas größeren Kinder haben ebenfalls genug und fallen in das Gejammer ein. Das Haus ist ein einziges Chaos. So ertappte ich mich dabei, dass ich mich absichtlich fern hielt und mich im Büro beschäftigt hielt, um eine Rechtfertigung zu haben, immer später nach Hause zu kommen.

Kam ich nach Hause und die Jungen schliefen schon, gab ich die erwarteten Töne von mir – «Wie schade, jetzt bin ich wieder zu spät, den Burschen ihre Gutenachtgeschichte vorzulesen» –, doch in Wirklichkeit fand ich es einfacher, wenn das Spielzeug aus dem Weg und alles schön aufgeräumt war. Die Kinder waren gebadet und im Bett, und für mich blieben nur noch die angenehmen Pflichten wie ihre Bettdecken zurechtzupfen und ihnen einen Gutenachtkuss geben. Ich war der strahlende Ritter, der hereinschwebte, um eine lustige Geschichte zu erzählen und sie in den Arm zu nehmen, weit erhaben über die strapazierten Nerven und das Geschrei der vergangenen Stunden.

Natürlich fragte ich nach den Kindern, wenn ich nach Hause kam – «Hattet ihr einen schönen Tag? War in der Schule alles in Ordnung?» –, und ich hörte sogar zu, wenn Wendy antwortete. Es war nicht so, dass es mich nicht kümmerte. Ich kümmerte mich jedoch nicht genug, dass ich verhindert hätte, dass alles an mir vorbeiging.

Michael und Ross waren von Anfang an ein Team. Michael nahm Ross bereitwillig in seine Welt auf. Wenn der Jüngere irgendwo nicht mitkam, half Michael ihm ohne viel Aufhebens auf die Sprünge. Ich hatte keinen Schimmer, welche Wunder er vollbrachte. Eines Abends kam ich nach Hause und Ross war noch auf. Er war vielleicht zwei Jahre alt. Er kam mit einem Buch zu mir und ich nahm an, er würde mich bitten, es ihm vorzulesen, doch dann setzte er sich auf meinen Schoß und las es *mir* vor. Michael und Wendy hatten ihm das Lesen beigebracht! Ich war total verblüfft. Ich hatte nichts davon mitbekommen. Sie mussten Wochen und Monate daran gearbeitet haben, doch ich war so weit weg, dass ich einfach nicht gemerkt hatte, womit Ross beschäftigt war. Michael weihte ihn auch ins Rechnen ein, nicht nur Addition und Subtraktion, sondern auch Multiplikation, als der Kleine noch nicht im Kindergarten war. «Michael hat ihm gezeigt, wie man Schach spielt? Ich fasse es nicht! Er ist doch erst drei. Wie kann ein Dreijähriger das so schnell lernen?»

Natürlich ist nicht alles, was zu Hause vorgeht, so erfreulich. Die Höhepunkte kommen mitten im täglichen Einerlei. Es gibt keine Alarmglocke im Büro, kein Signal, das einem sagt: «Fahre sofort nach Hause. Deine dreizehn Monate alte Tochter hat gerade laufen gelernt, oder sprechen, tanzen oder ein Instrument spielen ...»

Selbstverständlich war Wendy diejenige, die zu allen Schulversammlungen und Elternabenden ging. Die Kinder kamen mit ausgezeichneten Zeugnissen nach Hause, worauf ich natürlich sehr stolz war, doch alles andere entging mir vollkommen. «Du weißt nicht, was du verpasst», pflegte Wendy zu sagen. «Du wärst so stolz auf die Kinder, wenn du hören würdest, wie die Lehrer über sie reden. Es wäre wirklich gut für dich, wenn du von jemand anderem hörtest, wie beliebt sie sind und wie gut sie sich machen.»

Ich versuchte, es wenigstens zu einigen der Schulaufführungen und anderen Veranstaltungen zu schaffen, doch in Gedanken war ich nie ganz dabei. Ich konnte nicht anders, ich musste ständig ans Büro denken. «Wie soll ich mich auf das Treffen morgen vorbereiten? Am besten, ich überlege mir schon mal die Punkte, die wir unbedingt besprechen müssen. Was muss ich noch tun, wenn ich zu Hause bin? Wann ist das hier endlich vorbei, damit ich mich wieder an die Arbeit machen kann?» Ich sah zu, wie die Kinder Weihnachtslieder sangen oder ihre Naturkundeprojekte präsentierten, schaute dabei aber ständig auf die Uhr. «Wann kommen wir endlich hier heraus?» Ich muss sogar gestehen, dass ich Wendy manchmal bat, ihren eigenen Wagen zu nehmen, und ich allein fuhr, damit ich schneller nach Hause kam – als wäre ich ein so wichtiger Mann, dass ich die zehn Minuten nach der Veranstaltung nicht erübrigen konnte, die man normalerweise im Foyer bleibt und mit anderen Eltern plaudert, während die Kinder ihre Sachen zusammenpacken.

Wie viele von uns sind nicht da, wenn die großen Dinge geschehen, die «Augenblicke», die unser Leben unendlich bereichern? Sie müssen tatsächlich, sowohl körperlich als auch gefühlsmäßig da sein, wenn Sie die glücklichsten Momente genießen wollen, die Eltern erleben können. Immer wieder betrügen wir uns um diese Augenblicke, die sich natürlich nicht wiederholen lassen. Die Videoaufnahme ist kein Ersatz.

Die Familie richtete sich schnell darauf ein, dass ich der unsichtbare Vater war. Die drei hatten bald ihre eingefahrene Tagesroutine, und ich war dann der sprichwörtliche Sand im Getriebe, der diese gut geölte Maschine knirschend zum Stillstand brachte. Wenn sie ein Spiel spielten und ich dazukam und mitmachen wollte, war niemand sehr erfreut, da sie dann erst aufhören, mir die Regeln erklären und meine Fehler korrigieren mussten. Wendy hätte mir jederzeit erlaubt, die Kinder zu übernehmen und mit ihnen zu spielen, solange ich wollte, aber ich fühlte mich immer mehr als Außenseiter.

Manchmal kam ich nach Hause, wenn Wendy gerade dabei war, die Jungen ins Bett zu bringen. Jede Mutter und jeder Vater weiß, wie wichtig dieses abendliche Ritual ist. Man bekommt die Kinder in ihre Schlafanzüge, gewaschen und die Zähne geputzt. Man bringt sie mit einem Buch oder einem Lied zur Ruhe. Sie sind entspannt und fast eingeschlafen. Und dann kommt Vater hereingestürmt und die ganze Routine wird plötzlich gestört. Die Kinder sind wieder hellwach und springen aus den Betten, alle Müdigkeit vergessen, und wir müssen das ganze Spiel von vorne beginnen, um sie wieder ins Bett zu bekommen. Und das am Ende eines weiteren harten Tages für Wendy, wenn sie gerade so weit war, dass sie ein paar ruhige Momente für sich selbst gehabt hätte. Ich fühlte mich wie ein Eindringling, der der Familie den Abend verdarb.

So kam es, dass wir alle unsere unausgesprochenen Vorstellungen und Verhaltensweisen annahmen. «Sie sind bei ihrer Mutter. Ich brauche mir also keine Sorgen zu machen.» Zu Beginn überließ ich Wendy den größten Teil der Elternpflichten, da ich annahm, sie würde darin immer besser sein als ich. Bald zweifelte dann niemand mehr diese Vorstellung an, und sie wurde zu einer Art Gesetz: Mama ist die, die für uns da ist. Wir gehen zu Mama, wenn wir etwas Wichtiges brauchen. Das bestärkte mich natürlich nur in dem Denken, dass ich das fünfte Rad am Wagen war. Sie brauchten mich nicht, sie hatten auch so ihren Spaß. Schon in erschütternd jungen Jahren begriff Ross, dass er mir nicht zu viel von meiner Zeit abverlangen durfte. Es war grausam, aber er hatte schon begriffen, dass Mama dafür da war. Die Jungen nahmen ihre Rollen an. Wenn es um irgendetwas Wichtiges geht, wird Mama sich darum kümmern. Wenn du jemandem auf den Schoß springen willst und für ein paar Augenblicke Unsinn machen willst, gehst du zu Papa. Ich liebte meine Zeit mit den Jungen, doch ich spürte immer diesen Druck, es kurz zu machen, damit ich wieder an meine Arbeit gehen konnte. Und wenn ich einmal beschlossen hatte, für ein Wochenende alle Arbeit liegen zu lassen und mich ganz der Familie zu widmen, empfand ich das als ein großes Opfer und nicht als mein Recht auf das arbeitsfreie Wochenende, das die meisten Leute als selbstverständlich ansehen.

Die Tatsache, dass viel vom Leben meiner Kinder an mir vorbeiging, hielt mich nicht davon ab, von meinem Vaterthron aus meine Urteile zu verkünden. Ich bin, wie gesagt, sehr ergebnisorientiert. Wann immer eine Entscheidung zu treffen war, sei es in Bezug auf die Schule oder in anderen Alltagsfragen, war ich derjenige, der sofort eine Antwort parat hatte und diese voller Überzeugung aussprach. Dabei hatte ich keine Ahnung von der subtilen Gruppendynamik, die in jede Entscheidung in einer Familie hineinspielt. Damit untergrub ich Wendy immer wieder, und die Kinder lernten von mir wenig darüber, wie man zu einem ausgewogenen Urteil kommt.

Ich vertat eine große Chance. Geduld ist das A und O in der Kindererziehung. Im Büro rühmte ich mich, ein guter Zuhörer zu sein. Ich legte Wert darauf, dass ich als mitfühlender, gedankenvoller Mensch angesehen wurde. Dabei habe ich nie gelernt, meinen Kindern wirklich zuzuhören und mit ihnen Geduld zu haben, was sich, wie ich glaube, auf ihr und mein Leben ausgewirkt hat.

Der unsichtbare Partner

Über die Jahre, als die Kinder klein waren, hielt Wendy tapfer durch, entweder im Büro oder als Generaldirektorin unseres Haushalts. Sie war erschöpft, aber wirklich glücklich in ihrer Widmung an das Großziehen unserer Kinder, und ohne es zu wissen, erlaubte sie mir, mich immer unsichtbarer zu machen.

Wenn sie mich einmal anfauchte, weil ich zu Hause etwas nicht so gut machte wie sie, fühlte ich mich bevormundet und warf ihr im Stillen vor, sie würde mich nicht verstehen. Sie unternahm jede Anstrengung, mich in das Leben der Kinder einzubeziehen, doch wir taten kaum etwas, um unsere eigene Beziehung zu stärken. Ich hätte ihr mehr helfen sollen. Sie verdiente jemanden, der die guten und die schlechten Zeiten mit ihr teilte, und stattdessen stand ich kaum einmal für ein Gespräch zur Verfügung.

Wenn ich mich von der Arbeit losriss und nach Hause kam, war von mir nicht mehr viel übrig für sie. Ich war vielleicht noch zu etwas Smalltalk in der Lage, doch davon kann eine Ehe nicht existieren. Ich rechne es Wendy hoch an, dass sie nie ihre Versuche aufgab, mich für die Familie zu öffnen. Warum war ich immer so mit anderen Dingen beschäftigt? Warum konnte ich nicht mehr für sie und die Kinder da sein? Meine erste Reaktion war stets, dass ich in die Defensive ging und die Fehler bei ihr oder in unserer Situation suchte. Ich versuchte ihr klar zu machen, mit wie viel Arbeit ich überhäuft war: «Ich habe so viel zu tun! Was soll ich denn machen?» Wendy würde mir ihre Unterstützung anbieten: «Vielleicht kann ich dir helfen.» Und ich würde ihr den Boden unter den Füßen wegziehen, indem ich antwortete: «Nein, es würde länger dauern, dir zu erklären, was zu tun ist, als wenn ich es selber machte.» Ich dachte, Wendy sei diejenige, die alles unter ihrer Kontrolle haben wollte, doch in Wirklichkeit war es *mein* Gottkomplex und mein Bedürfnis, in allem das Sagen zu haben. Ich war ein so wichtiger Mann, dass niemand meine Probleme lösen konnte. Ich konnte sie nicht einmal mit Wendy teilen.

Ehefrauen von Workaholics bekommen nie die Chance, mit ihren Partnern eine Familie aufzubauen. Sie müssen sich damit abfinden, aufzubauen, was sie aufbauen können, und zu helfen, wem sie helfen können. Wendy und ich lebten in einem Heim, das keine Zuflucht vor der Arbeit bot, und wir hatten selbst dazu beigetragen, dass wir in einer so feindlichen Umgebung endeten. Die meisten Frauen – und Männer – gehen nicht gern zur Arbeit und dann nach Hause und dann wieder zur Arbeit. Wir Männer können jedoch unsere Arbeitstage ausdehnen und spät heimkommen und haben immer eine Entschuldigung parat, einerseits weil die Gesellschaft uns beschützt, andererseits weil wir wissen, wie man Situationen manipuliert.

Es ist tatsächlich geschehen: Dieses Jahr haben Wendy und ich unseren Hochzeitstag vergessen. Hätten wir keine Glückwunschkarte von ihrer Schwester im Briefkasten gefunden, hätten wir den Tag einfach übergangen. Aus einer Reihe von Gründen sind wir beide überlastet. Doch wie konnten wir einander aus den Augen verlieren? Es war nicht immer so.

Unsere Partner tragen die Last unserer Eigenbrötlerei. Wendy hatte einen kalten, emotionslosen Ehemann zu ertragen, während sie sich nach einem Gatten und Geliebten sehnte, mit dem sie reden konnte. Auch sie zog sich zurück. In ihrer Entfremdung von mir beschränkte sie sich auf ihre Qualitäten als Mutter, die ihre Kinder großzog und zu immer neuen Großtaten anspornte. Ihre Rolle als Partnerin und Ehefrau blieb dabei auf der Strecke. Sie litt schweigend, denn selbst wenn sie mir hätte sagen können, was sie brauchte, und wenn ich es verstandesmäßig begriffen hätte, wäre es meine emotionelle Seite gewesen, die reagieren und sich ihren Problemen stellen musste.

In dieser Wüste der Gleichgültigkeit war Wendy nicht nur gezwungen, die Rolle beider Elternteile zu übernehmen. Sie wurde auch in die Rolle der perfekten Mutter gedrängt, was sie noch selbstbeherrschter machte. Sie suchte bei den Kindern Trost und Hilfe. Konfrontiert mit einem Ehemann, der sie und die Familie emotional verlassen hatte, litt bald ihr Selbstwertgefühl.

Im Büro bin ich sicherer

Das Zuhause ist oft ein Chaos. So ist das Leben nun einmal. Kinder folgen keinen geradlinigen Verhaltensmustern und handeln oft irrational. Männer bevorzugen jedoch den geraden Weg von A nach B. Wenn ich ein vernünftiges Argument für etwas hatte, erwartete ich, dass meine Kinder taten, was ich sagte. Wenn dies nicht geschah, wurde ich wütend. Einer der Gründe, weswegen ich Angst hatte, nach Hause zu kommen, war, dass dort alles in der Luft hing. Ich wusste nicht, was ich erwarten sollte. Ich wusste nie, ob jemand in Tränen ausbrechen oder vor Glück außer sich sein würde. Ich konnte zu Hause alles

Mögliche tun, ohne dass ein Erfolg garantiert war. Es war alles so chaotisch, so menschlich, so real.

Die Schauspielerei findet am Arbeitsplatz statt, die Realität ist zu Hause.

Und gestehen wir es uns ein: In der Arbeit sind nicht nur die Regeln klarer, es ist auch geistig anregender. Je besser ich meinen Job machte, umso mehr kamen meine kreativen Säfte in Wallung. Ich konnte einen Artikel in einem Magazin lesen, den Autor anrufen, eine Buchidee ausarbeiten, ihn an den meistbietenden Verlag verkaufen und damit eine Schlüsselrolle in der Entstehung eines wunderbaren Buches spielen. Ich konnte eine halb fertige Idee aufgreifen und sie mit einem Autor zu Ende entwickeln. Ich konnte die richtigen Buchideen mit den richtigen Verlagsleuten zusammenbringen. Ich konnte einen kreativen Vertrag für ein Buch oder einen Film aushandeln. Ich konnte praktisch zusehen, wie meine Ideen greifbare Formen annahmen.

Vor wenigen Monaten sprach ich mit einem Freund, der von dem Wochenendworkshop schwärmte, den er besucht hatte. Fast den ganzen Samstag hatte er mit einem Klienten verbracht. Sie hatten eine aufregende Idee ausgetüftelt und stundenlang einen Plan ausgearbeitet, wie die Idee zu verpacken und vermarkten war. Mein Freund war in seinem Element gewesen. Stunden zuvor waren es nur verschwommene Ideen gewesen, und nun hatten sie plötzlich dieses konkrete Produkt, das sein eigenes Leben annehmen würde. Er liebte seine Arbeit. Er liebte es, wie sie sein Gehirn zum Leben erweckte.

Ich teilte seine Aufregung. Ich wusste genau, wie er sich fühlte. Erst später begriff ich, dass der Mann mir im

Grunde beschrieben hatte, wie er einen kostbaren Samstag weg von seiner Frau, seiner vierjährigen Tochter und seinem neugeborenen Baby verbracht hatte. Ich wusste, er war absolut vernarrt in seine Familie, von der er oft erzählte, und zwar mit großem Stolz. Doch hatte ich ihn je mit solcher Aufregung darüber reden hören, wie seine Tochter ihre ersten Schritte tat oder ihre ersten Worte sprach? Was hatte wohl seine Frau, die zu Hause geblieben war und sich höchstwahrscheinlich seine Hilfe und eine Pause von der täglichen Plackerei mit den Kindern gewünscht hätte, davon gehalten, dass er das halbe Wochenende verschwunden war?

Dies ist ein weiteres echtes Problem, wenn man sein Daheim mit dem Büro vergleicht. Bei der Arbeit ist man von anderen Erwachsenen umgeben. Wenn alles klappt, fühlt man sich glücklich, inspiriert und kreativ. Man findet nicht viele Leute, die von der geistigen Anregung schwärmen, die das Großziehen von Kindern mit sich bringt. Die Autorin Anne Lamott schrieb in ihrem Werk *Operating Instructions,* einem Tagebuch des ersten Lebensjahres ihres Sohnes, wie der Intelligenzquotient der Mutter um einige Punkte fällt, sobald das Baby aus dem Uterus schlüpft. Jeder, der einmal mehr als ein paar Minuten mit Kindern verbracht hat, weiß, dass sie die größte kreative Herausforderung darstellen, die man sich vorstellen kann. Doch so habe ich es nicht gesehen. Ich sah es nur als ein Problem, das es zu lösen galt.

Und schließlich kommt das Leben daheim niemals gegen die Adrenalinstöße an, die man erlebt, wenn man unter Hochdruck arbeitet. Manche von uns sind Adrenalinjunkies. Wie unsere Brüder und Schwestern, die wie besessen in die Fitnesscenter und auf die Joggingrouten strömen, tun wir es wegen der Bewusstseinsveränderung, die es uns bringt. Wenn ich den großen Autor an Land zog oder das Riesengeschäft abschloss, rief das in mir Gefühle hervor, die zu Hause einfach nicht zu haben waren. Ich konnte meinen Sohn in die Arme schließen und mich von der Liebe durchfluten lassen, die ich für ihn und für diesen stillen Augenblick empfand, doch das rauschhafte Gefühl, wenn ich im Büro das Supergeschäft unter Dach und Fach brachte, war irgendwie unschlagbar.

Wie oft mussten Sie am Wochenende einen Geschäftsanruf annehmen und haben den Anrufer vor Ihrer Frau oder Familie lautstark verflucht, obwohl Sie im Stillen erleichtert waren? Darin sind wir wirklich gut. Ich erinnere mich, wie es war, wenn mein Faxgerät zu Hause zu piepsen und zu summen begann. Die Nummer kannten nur unsere wichtigsten Klienten. Ich tat so, als würde es mich ärgern, doch dann eilte ich zum Drucker, in der Hoffnung, es wäre etwas, das ich sofort bearbeiten konnte. Das Summen des Faxgeräts bestätigte mir zudem, was für ein wichtiger Mann ich war.

So ließ ich Wendy ihre Elternrolle perfektionieren, während ich den großen Geldverdiener spielte. Ich hatte gute Gründe für meine Abwesenheit, gute und edle Gründe. Ich redete mir ein, für unsere Kunden zur Verfügung zu stehen wäre eine meiner wichtigsten Pflichten als erfolgreicher Geschäftsmann. Diese Verfügbarkeit machte ich zu einer Entschuldigung dafür, dass ich mich von meiner Familie, meinen Freunden und meiner Partnerin abschnitt.

Naturgemäß investieren wir immer weniger in unser Leben außerhalb der Arbeit, je tiefer wir in unserer Arbeit versinken. Meine Sicht des Lebens wurde sehr einseitig. Mein Leben war mein Beruf. Alles andere beachtete ich nicht. Meine Familie wurde zu einer Störung, zu Eindringlingen, zu Leuten, mit denen ich mich abfinden musste. In meiner Branche führt kein Weg daran vorbei, dass man abends lesen muss. Die Stapel von Manuskripten, die man nach Hause schleppt, gehören einfach dazu. Die Kinder kamen manchmal zu mir und fragten mich etwas oder luden mich ein, mit ihnen zu spielen, doch ich fiel ihnen ins Wort: «Papa muss noch lesen. Ich kann jetzt nicht mit euch reden oder spielen.» Es kam mir nie in den Sinn, wie hirnrissig es war, dass ein Autor, der zwei oder drei Jahre an einem Buch geschrieben hatte, von mir erwarten sollte, es in 48 Stunden zu lesen. Ich fühlte mich unter Druck, es zu tun. Es handelte sich um wichtige Klienten, und ich war ein wichtiger Agent. Die Manuskriptstapel waren bei uns zu Hause das sichtbare Zeichen, dass Vater vielleicht körperlich zu Hause war, doch mit dem Kopf immer noch im Büro saß.

Es ist eine unglaubliche Offenbarung, auf die Momente zurückzublicken, wenn Ihr Kind oder Ihre Frau Sie um Ihre Aufmerksamkeit bat und Sie es nicht als ein Flehen um Ihre Liebe sahen, sondern als eine Unterbrechung oder Störung. Gab es denn niemanden, der nichts von mir wollte? Bestimmt habe ich niemanden mehr geliebt als Wendy, Michael und Ross, doch wie konnte ich dann so verstimmt sein, wenn sie in meine Sphäre eindrangen, wenn ich so wichtige Dinge zu tun hatte? Jedes Mal, wenn ich die Erleuchtung hatte, dass in Wirklichkeit meine Familie das Wichtigste war, und ich tatsächlich das Manuskript beiseite legte oder den Anruf beendete, hatte ich das starke Gefühl, dass ich das Richtige tat – dass ich es endlich begriffen hatte. Wie konnte ich dann so leicht in den alten Trott zurückfallen und die Arbeit an erste Stelle setzen?

So viel von alldem geschieht auf einer unbewussten Ebene. Fragen Sie andere Väter, was sie gegenüber ihrer Arbeit und ihren Kindern empfinden, und die meisten werden Ihnen erzählen, wie sehr sie ihre Kinder lieben und wie sie wünschten, die Arbeit ließe ihnen mehr Zeit für die Familie. Und dann schauen Sie sich an, wie sie unbewusst Entscheidungen treffen, die genau das unmöglich machen. Ich kenne einen Mann, der seiner Frau mehr Zeit abhandeln wollte, die er nach der Arbeit mit potentiellen Kunden in Restaurants und Bars verbringen konnte. Eine eindrucksvolle Klientenliste würde ihm eine Beförderung und der Familie mehr Geld einbringen, war sein Argument. Gleichzeitig stand er mit ihr in Verhandlungen über das dritte Kind, das er sich wünschte. Die ersten beiden hatte sie praktisch allein großgezogen, weil er schon damals so viel Zeit mit Arbeiten zugebracht hatte, und nun erzählte er ihr, er wolle noch ein Kind *und* noch mehr Zeit weg von der Familie! Offenbar sah er nicht, wie paradox sein Standpunkt war.

Wenn Sie sich isoliert fühlen, dann deshalb, weil Sie es sich unbewusst oder mit Vorbedacht so ausgesucht haben. Es kann sich über lange Zeit hinziehen und so allmählich geschehen, dass wir es kaum bemerken, und dennoch ist es unsere Entscheidung, wenn wir uns von der Welt abschneiden. Wir lassen uns von unserem Ehrgeiz leiten, und unsere Kurzsichtigkeit führt dazu, dass wir uns verlieren. Doch wie viel Arbeit ist zu viel Arbeit? Das vermeintlich

Edle und Heldenhafte an unserem Verhalten, wenn wir uns so auf die Karriere konzentrieren und fast jede Minute unserer Arbeit widmen, ist eine furchtbare Gefahr für das Menschliche in jedem von uns. Die meisten von uns halten diese falsche Hingabe für eine Tugend. So finden sich Männer mit der Situation ab – wenn sie sie nicht gar provoziert haben –, sich nur noch über ihre Arbeit zu definieren. Lohnt es sich wirklich, einen solchen Selbstverlust zu riskieren? Wie schon erwähnt weisen Statistiken darauf hin, dass unsere Produktivität in Wirklichkeit abnimmt, je mehr Überstunden wir einlegen. Dennoch reden wir uns ein, es sei anders. Mehr als jeder andere tragen wir selbst dazu bei, dass unser Elend kein Ende nimmt. Und in diesem Elend wollen – oder brauchen – wir keine Gesellschaft.

Der verschwindende Freund

Wie ich schon bemerkt habe, macht jede Sucht, ganz gleich welcher Art, letztlich Einzelgänger aus ihren Opfern. Männer, die zu viel tun – besonders in ihrer Arbeit –, haben keine Zeit für Freunde.

Nachdem wir lange Zeit unsere Arbeitswut «öffentlich» ausgelebt haben, setzt schließlich der Prozess ein, uns in uns selbst zurückzuziehen. Wir haben weder die Zeit, neue Freundschaften zu knüpfen, noch die Zeit, mit alten Freunden in Verbindung zu bleiben. Nicht anders als Alkohol und Drogen führt auch übermäßige Arbeit zu Isolation.

Wut und Bitterkeit setzen sich in uns fest. Wir mögen

diese Welt der Arbeit, die weder Fenster noch Türen hat, selbst geschaffen haben, und doch fühlen wir uns darin zornig, verletzt und einsam.

Es hat etwas Edles an sich, in seiner Arbeit als der einsame Wolf dazustehen. Damit trösten wir uns ein wenig, und gleichzeitig denken wir, wir brauchten keine Freunde mehr. Die Isolation führt zu Ängsten und Unruhe und dazu, dass wir der Familie und unseren Freunden noch mehr aus dem Weg gehen. Wir verrennen uns in irgendwelche Arbeitsprobleme und konzentrieren die meiste, wenn nicht alle psychische Energie auf Dinge, die Beziehungen außerhalb unserer Arbeitsumgebung nicht entstehen lassen oder fördern.

Es ist ein Teufelskreis. Arbeitssuchtverhalten macht uns unattraktiv für andere. Wer wollte uns schon zum Freund. Unser Handeln und unsere Worte sagen: «Bleibt mir vom Leibe. Macht einen großen Bogen um mich.»

Freunde entwickeln Toleranz füreinander. Workaholics sind von Natur aus intolerant. Freunde können einander vertrauen. Workaholics trauen nicht einmal sich selbst, geschweige denn irgendjemand anderem. Freunde akzeptieren einander. Wir akzeptieren nur Leistung, und es hat bitte Spitzenleistung zu sein. Freunde sind ehrlich zueinander. Männer, die zu viel tun, haben keine Zeit, sich mit Ehrlichkeit aufzuhalten. Viel leichter fällt es uns, nach einem Schuldigen zu suchen und uns Entschuldigungen dafür zurechtzulegen, weshalb wir emotional nicht verantwortungsfähig sind.

Die Arbeit ist unsere Geliebte. Arbeit ist unsere Zuflucht. Arbeit bewahrt uns vor einem erfüllten Leben. Sie lässt keine Vertrautheit zu und fördert Falschheit (zuerst nur uns selbst gegenüber und dann gegenüber unseren Freunden und der Familie). Arbeit erlaubt keine Beziehungen. Sie fördert Bitterkeit, Neid, Verrat, Zorn und Rachegefühle: «Mein Boss hat über meinen letzten Bericht gemeckert. Dabei habe ich das ganze Wochenende daran gearbeitet.»

Solche Reaktionen, Verhaltensweisen und innere Stimmen sind eine Belastung, immer. Sie halten uns davon ab, enge Beziehungen aufzubauen, lassen Freundschaften zerfallen und brechen Familien auseinander. Zeigen Sie mir einen Mann ohne Freunde, und ich sage Ihnen, er ist ein Workaholic.

Einen nach dem anderen verlor ich die meisten meiner engen Freunde aus den Augen. Aus täglichen Anrufen wurden wöchentliche, dann monatliche, dann alle paar Monate, und am Ende war mir selbst das zu viel und die Anrufe hörten ganz auf. Wir tauschten vielleicht noch Urlaubsgrüße und Familienneuigkeiten aus, aber es gab keinen engen Kontakt mehr. Sich treffen? Vergiss es. Ich war viel zu wichtig und viel zu beschäftigt, um mich dazu aufraffen zu können. Ein Kinobesuch oder ein Abend zusammen in der Kneipe oder im Restaurant? Vergiss es. Wenn ich darüber nachdachte (und solche Augenblicke gab es tatsächlich), sagte ich mir, meine Familie ist mir wichtiger als meine Freunde, und ich hatte nicht viel Zeit, weshalb ich mich besser um die Familie kümmerte. Das tat ich natürlich auch nicht. Es war nur ein Versuch, mein Handeln vor mir zu rechtfertigen.

Ich vergaß, wie wichtig meine Freunde als Vertraute und Ansprechpartner waren, denen ich neue Ideen vortragen konnte. Ich vergaß, wie viel Spaß es machte, über ganz andere Dinge zu reden als das, was es zu Hause oder am Arbeitsplatz zu diskutieren gab. Freundschaft verwandelte sich für mich von einem Bedürfnis in einen Wunsch und wurde schließlich zu einer Nebensache, auf die ich verzichten konnte.

Das dachte ich jedenfalls.

Gärender Zorn

Ich fand immer mehr Tricks, wie ich mich unsichtbar machen konnte, ganz ähnlich den Kindern von Alkoholikern oder Drogensüchtigen. Ich nahm jede Gelegenheit wahr, zu verschwinden. Ich vermied Konfrontationen, gleichgültig welcher Art oder mit wem. Ich wurde sehr verschlossen und am Ende selbstsüchtig. Welche Arbeit könnte ich jetzt beginnen, damit man mich nicht «ertappt»? Als was ertappt? Als Betrüger, als jemand, der ganz und gar nicht das war, was er zu sein schien. Als ein Mann, der in fast jeder Umgebung so tun konnte, als ob. Der Drang, sich zu verstecken oder nach Zuflucht zu suchen, ist kein ausgesprochen männlicher Zug. Unter Männern, die sich in und hinter ihrer Arbeit verkriechen, ist er jedoch weit verbreitet.

Indem wir lieber lauschen, ob das Telefon klingelt, als die Stimmen der Familie oder unserer Freunde zu hören, schneiden wir uns von der Realität ab. Wir erleben die Welt nicht mehr, wie andere sie kennen. Wir bewegen uns in einem emotionellen Vakuum und lassen uns nicht mehr auf sinnvolle Beziehungen ein. Wir lösen uns von denen, die uns normalerweise nahe und vertraut wären. Wir verlieren die Fähigkeit (und in vielen Fällen das Interesse), anderen unsere Hand zu reichen. Wir fühlen uns unsicher, wenn man uns auffordert, sich anderen anzuschließen, sei es Familie, seien es Freunde oder Kollegen. Wir trauen unseren Gefühlen und unserer Intuition nicht mehr. Manchmal geben wir noch Signale, «kommt doch zu mir», doch weil wir Offenheit und Vertrautheit nicht mehr ertragen können, verkommt dies auch nur zu einer Methode, unsere Gefühle und die Menschen hinter uns zu lassen, die uns «nichts bringen».

Ich entwickelte eine perfekte Schmollroutine, wenn ich den Eindruck hatte, dass Wendy und die Kinder mich ausschlossen. Manchmal setzte ich mich buchstäblich in eine Ecke und starrte in die Ferne, verletzt und verwirrt. In meinen Augen war ich der Mann, dem alle Unrecht taten. Ich war mir nicht bewusst, wie dumm und kindisch ich mich benahm.

Ich hegte einen fast unablässigen Groll. Ich hatte das Gefühl, ich müsste ständig auf der Hut sein, ständig bereit, mich zu verteidigen. Ich wartete immer auf einen Angriff. Ich drängte mich der Familie auf, nahm wahr, wie unwillkommen ich war, und verlor die Beherrschung. Fünf Minuten nachdem ich ins Zimmer gekommen war, um meinen Kindern näher zu kommen, begann ich sie anzuschreien. Als die Kinder in einem Alter waren, wo man von jedem Kind weiß, dass es störrisch und irrational ist, sah ich es nicht als normales kindliches Verhalten, sondern benahm mich selbst wie ein Kind, anstatt ihnen über ihre Wutanfälle hinwegzuhelfen. Als mir klar wurde, dass ich im Grunde keine Kontrolle über meine Kinder hatte – als ob das ein so erstrebenswertes Ziel wäre –, geriet ich dann vollkommen aus dem Häuschen. Sie sahen, dass ich wütend war, doch sie verstanden eigentlich nie, weshalb. Mein Zorn und meine Gereiztheit waren von einer Art, mit der niemand in der Familie fertig werden konnte, weil niemand in der Familie wusste, woher meine Wut kam. Die Kinder waren verwirrt. Ich sandte die widersprüchlichsten Signale aus: Kommt her, ich will mit euch spielen – nein, bleibt, wo ihr seid. Ich habe keine Zeit, ich habe zu viel zu tun.

Wut, vor allem fehlgeleitete Wut, kennzeichnet den Mann, der die Schwelle zur Arbeitssucht überschritten hat. Weil er so viel auf sich genommen hat, so viel versprochen hat, wankt er unter einer enormen Arbeitslast und einem Berg von Verantwortung. Wie schon erwähnt sind Workaholics in der Regel nicht sehr produktiv und weniger kreativ und werden immer blinder für die Realität. Wir sehen uns zugleich als Märtyrer und als diejenigen, die stets im Recht sind und deren Entscheidungen niemals angezweifelt werden sollten. Ich habe für Workaholics gearbeitet und bin selbst ein Workaholic auf dem Weg der Besserung. Ich weiß, wie erschreckend es ist, wenn solche Menschen einen unter die Lupe nehmen, und wie andere sich fühlen müssen, die sich von einem Workaholic beurteilen lassen müssen.

Worüber sind wir eigentlich wütend? Natürlich können wir über die Arbeit fluchen, doch viel von unserem Zorn richtet sich auf nahezu alles andere, weil dieses andere sich in den meisten Fällen vollkommen anders verhält, als wir es von der Arbeit gewohnt sind. Unsere Frauen und Kinder kümmern sich nicht darum, wie gut wir darin sind, Investmentpakete zu analysieren, oder wie geschickt wir darin sind, ein Geschäft an Land zu ziehen, neue Kunden anzuwerben oder glänzende Marketingstrategien zu entwerfen. Am Arbeitsplatz mögen uns diese Fähigkeiten großes Lob und saftige Einkommen einbringen, doch im Kern sind es unpersönliche Fähigkeiten, die jemandem, der unsere Zeit und Aufmerksamkeit möchte, wenig bedeuten.

Viel zu oft betrachten wir die Familie als etwas Selbstverständliches, als wäre sie immer da, wenn wir sie brauchen. Doch wie warnt noch das alte Sprichwort: «Man tut immer denen weh, die man am meisten liebt.» So stürzen wir uns in unserer ziellosen Wut oft auf jemanden, der von uns abhängig ist. Nie würden wir wagen, uns dem eigentlichen Verursacher unserer Wut gegenüber (wer immer das sein mag) so irrational zu verhalten. Wenn einem am Arbeitsplatz der Kragen platzt, läuft man Gefahr, seinen Job zu verlieren. Wenn man das Gleiche zu Hause tut, wird einem immer wieder vergeben: «Vater hat so viel Arbeitsstress, wir lassen ihn besser in Ruhe.»

Die Abwärtsspirale

Wenn wir erst die Schwelle zum Workaholismus überschritten haben, ist Arbeiten das Einzige, worin wir noch gut sind, und wenn das, worin wir am Arbeitsplatz gut sind, zu Hause nicht anerkannt wird, werden wir wütend. In meinem Beruf verlangte die Welt von mir lauter rationale, durchschaubare Dinge. Ich wusste, was ich zu tun hatte, und es ging nur darum, wie gut ich es machte. Was meine Familie dagegen von mir wollte, erschien mir vollkommen unberechenbar und irrational. Und ich steckte zu tief in meiner Arbeit, um zu begreifen, dass das Leben, wie man es leben sollte, eben so sein kann: unberechenbar, irrational. Hier zeigte sich meine emotionale Verarmung. Man empfindet so wenig und hat in solchem Maß jedes Gefühl verloren, dass man nicht mehr erkennt, was der Unterschied ist zwischen einem erstrebenswerten Leben und einem Leben, in dem man lediglich tut, was zu tun ist.

Irgendwann begann ich dann, in meiner Arbeit Fehler zu machen, wichtige Einzelheiten zu vergessen, musste Dinge noch einmal tun und konnte mich nicht mehr an Gespräche erinnern, die ich geführt hatte. Ich wurde wütend auf mich selbst und fühlte mich geschlagen. Mein Zorn mündete in Depression. Ich konnte das Gefühl nicht überwinden, dass alles bergab ging, dass ich nichts taugte und niemals genug tun konnte. Ich begann zu erkennen, dass ich meine Familie im Stich gelassen hatte. Meine Depression führte zu einer allgemeinen Trägheit, und mein Versagen verfolgte mich wie eine Regenwolke, die ständig über mir hing.

So fand ich mich eines Tages im Jahr 1992 um drei Uhr morgens an unserem Küchentisch. Ich war inzwischen überzeugt, dass ich nie mehr glücklich sein würde. Ich hatte mich in eine Ecke manövriert, aus der es kein Entkommen zu geben schien. Ich hatte so hart gearbeitet, war so erfolgreich gewesen, hatte alles gegeben und fühlte mich dennoch hundeelend. Und ich war fest überzeugt, dass es ganz allein mein Problem war. Ich ging nach oben und packte einen Koffer. Ich hinterließ keine Nachricht.

Ich wusste nicht, wo ich hinwollte. Ich dachte nicht nach, ich wusste nur, dass ich einen Ort finden musste, wo ich bleiben konnte, weg von zu Hause (weg von genau den Leuten, die sich immer noch um mich kümmerten). Ich brauchte einen Unterschlupf, einen Zufluchtsort ohne Spiegel, ohne Erinnerungen. Ich hatte zu viel getrunken, was die Sache nicht besser machte. Irgendwie landete ich in einem Hotel, saß für den Rest der Nacht auf der Bettkante und versuchte, einen klaren Gedanken zu fassen.

Nach der Phase des Selbstmitleids kam die Erkenntnis, dass ich vollkommen überreagiert hatte. Am nächsten Morgen wurde mir klar, wie kindisch ich gehandelt hatte. Ich fuhr wieder nach Hause und kam zum Glück dort an, bevor Wendy bemerkt hatte, dass ich fort gewesen war.

Ich musste erst an den Rand des Zusammenbruchs geraten, bevor ich es begriff. Der Weg zurück ist der Weg nach Hause.

Kapitel 5
Du wachst auf und das Haus steht in Brand

Es gibt keine größere Sünde als sich zum Sklaven seiner Begierden zu machen, keinen größeren Fluch als die Ungenügsamkeit, kein größeres Unglück als selbstsüchtiges Verlangen. Zufriedenheit ist daher stets genug.

Laotse, *Tao Te Ching*

Es ist so einfach, nicht wahr? Irgendwo, sei es, wir kommen durch Nachdenken darauf, oder die Erkenntnis kommt uns als emotionale Wahrheit, irgendwo wissen wir, dass wir dabei sind, uns umzubringen. Doch wie halten wir den Verfall auf, wenn der Drang, uns selbst zu zerstören, so mächtig ist?

Ich habe Ihnen meine dunkelste Stunde geschildert. Ihr Tiefpunkt sieht vielleicht anders aus. Und wenn Sie Glück haben, ersticken Sie Ihre Arbeitssucht erfolgreich im Keim. Workaholismus mag eine heimtückische Krankheit sein. Zum Glück ist er jedoch nicht mit körperlicher Abhängigkeit verbunden, wie etwa Alkoholismus und Drogensucht (obwohl Nebenerscheinungen wie Gewichtszunahme, Gewichtsabnahme, Alkoholmissbrauch, eine Neigung zu Affären und andere schädliche Verhaltensweisen durchaus vorkommen können). Das macht es nicht unbedingt einfacher, damit fertig zu werden, aber es kann eine Hilfe sein, und wer sich von Arbeitssucht heilen will, ist dankbar für jede Hilfe, die er bekommen kann.

Nach jener schrecklichen Nacht am Küchentisch und im Hotel fühlte ich mich einsamer als je zuvor in meinem Leben. Ich erkannte, dass ich dabei war, mein eigenes Grab zu schaufeln, und dass ich niemanden hatte, auf den ich mich stützen konnte, außer einer überforderten Ehefrau. Ich sah nichts im Geringsten Positives in meiner Zukunft. Ich empfand Leere und tiefste Verzweiflung. Ich wollte nicht einmal mehr die Sonne aufgehen sehen.

Ich würde gern berichten, dass ich nach diesem Schlüsselerlebnis von meinem Hotelbett aufsprang und den Entschluss fasste, mich auf der Stelle zu ändern. Stattdessen beschloss ich, mehr von meiner reichlich aufgestauten Wut abzulassen. Ich litt nicht im stillen Kämmerchen. Ich machte jedem Vorwürfe, der mir unter die Augen kam. Ich kam zu dem Schluss, dass alles, was in meinem Leben je schief gegangen oder nicht meinen Erwartungen entsprechend gelaufen war, immer deshalb danebengegangen war, weil irgendjemand mich im Stich gelassen oder enttäuscht hatte.

Ich fuhr schnurstracks in mein Büro und schüttete noch mehr Benzin in das Feuer der Arbeitssucht, das mich zu verschlingen drohte. Meiner tief unglücklichen Frau, die sich mit ihren Eltern- und Haushaltspflichten so allein fühlte, konnte ich nicht in die Augen sehen. Sie hatte wahrscheinlich ohnehin genug von diesem jähzornigen, überforderten und ziellos vor sich hin schuftenden Mann, der «nicht da» war – weder für sie noch für sich selbst.

Und dann – oh Schreck! – blieben auch die geschäftlichen Erfolge allmählich aus. Es ist seltsam, doch obwohl praktisch alles um mich herum schon zusammenbrach, kam ich erst dann langsam zur Vernunft, als das Geschäft zu leiden begann. Für eine Weile hatte ich die Dinge mehr oder weniger laufen lassen, was wir uns leisten konnten, da wir früher im Jahr eine sehr erfolgreiche Zeit gehabt hatten. Doch nun musste ich plötzlich der Tatsache ins Auge sehen, dass wir bald gefährlich knapp bei Kasse sein würden, wenn ich nicht irgendetwas (am besten einen Goldesel) aus dem Hut zog. Sogar die ausstehenden Zahlungen, die irgendwann eintrudeln würden, änderten nicht viel an der Lage. Wir liefen Gefahr, unser Haus zu verlieren, und das hätte meinen kostbaren Stolz dermaßen verletzt, dass ich mich besser doppelt anstrengte, die Firma über Wasser zu halten.

Eine kleine Stimme in meinem Hinterkopf warnte mich, dass ich nicht einfach rund um die Uhr arbeiten konnte. Ich musste neue Klienten finden, andere potentielle Einkommensquellen. Das Problem war, ich musste cleverer arbeiten, nicht härter.

Endlich war ich bereit, auf Wendy zu hören. Es musste erst mein Geschäft in Gefahr geraten, bevor ich mir eingestehen konnte, dass mein Heim in Gefahr war. Ich wusste, ich musste etwas ändern. Doch wo sollte ich beginnen?

Fertig machen zum Wiedereintritt

Sich ändern setzt natürlich voraus, dass man den Willen hat, sich zu ändern. Sie müssen wissen, was es ist, in das Sie den «Wiedereintritt» vollziehen wollen. Sie müssen sich umschauen, wo Sie sind und wohin Sie wollen. Es reicht nicht, zu sagen: «Ich habe eine schlimme Erkältung und möchte mich besser fühlen», denn Workaholismus sickert in praktisch jeden Winkel unseres Lebens. Mein erster Schritt war, gar nichts zu tun.

Schritt 1: Tun Sie nicht einfach irgendetwas. Tun Sie einfach gar nichts

Da Selbsterforschung für Workaholics normalerweise nicht auf der Tagesordnung steht, wird es Ihnen bestimmt schwer fallen, in sich zu gehen, doch das ist es, womit Sie beginnen müssen. Wie ich schon erwähnt habe, werden Sie versucht sein, mit beiden Füßen in die Luft zu springen und das Problem augenblicklich lösen zu wollen. Das können Sie aber nicht. Da Sie schon vollkommen ausgebrannt sind, müssen Sie sich zunächst die Zeit nehmen, nichts zu tun. Planen Sie nichts. Kriechen Sie aus dem Bett, wann Ihnen danach zumute ist. Ziehen Sie sich an oder lassen Sie es bleiben. Schauen Sie Fernsehen oder lesen Sie Zeitung. Wenn Sie den Impuls spüren, faul und unproduktiv zu sein, folgen Sie ihm. Workaholismus fordert nicht nur einen psychischen, sondern auch einen körperlichen Preis, das müssen Sie anerkennen.

Dies ist der Zeitpunkt, wo Sie sich neu definieren müssen, der Zeitpunkt, wo Sie sich ganz genau klar darüber werden müssen, wie Sie mit Ihrem Leben und Ihrer Arbeit weitermachen wollen. Bis zu einem gewissen Grad findet eine solche grundlegende Neubestimmung Ihrer Prioritäten in fast jeder Phase Ihres Lebens statt (worauf ich in Kapitel 7 genauer eingehen werde).

Was Sie tun, sowohl in Ihrer Arbeitsumgebung als auch zu Hause, muss in dem vollen Bewusstsein geschehen, dass Sie ein Arbeitssüchtiger in Genesung sind. Sie werden nicht vergessen, was Sie hinter sich haben, ebenso wenig wie ein trockener Alkoholiker sich jeden Tag bewusst sein wird, dass er nüchtern ist. Ich meine nicht, dass Sie von Ihrem neuen Leben besessen sein sollten. Ich rede vielmehr davon, dass dieses Bewusstsein ebenso zu Ihrem neuen Leben gehört wie Ihre neuen Verhaltensweisen. Dann werden Sie merken, wenn Sie im Begriff sind, in alte Gewohnheiten zurückzufallen, und fähig sein, Ihre Entscheidungen zu treffen.

Ich muss zugeben, dass mir das sehr schwer fiel. Ich bin ein Mann, der sich an Ergebnissen orientiert, ein Problemlöser. Mit Wendys Hilfe erkannte ich jedoch, dass es Flickschusterei wäre, wenn ich mich Hals über Kopf in meine Selbsttherapie stürzen würde, und dass der Rückfall unausbleiblich wäre. Vergessen Sie nie: Es hat lange gedauert, bis Sie dort geendet sind, wo Sie sind. Bereiten Sie sich also auf eine lange Genesung vor.

Schritt 2: Lassen Sie sich helfen. Versuchen Sie es nicht allein

Auf die eine oder andere Weise wird jeder von uns zu der Erkenntnis kommen, dass er Hilfe braucht. Wenn Sie, wie es mir geschehen ist, eines Tages aufwachen und das Haus steht in Flammen, wenn Sie plötzlich mit nichts als sich selbst und Ihrer Sucht dastehen, dann ist das ein furchtbarer, hilfloser Augenblick. Doch bevor Sie den Weg der Heilung einschlagen können, ist es unerlässlich, dass Sie sich selbst gegenübertreten – oder dem, was von Ihnen noch übrig ist. Dieser Blick in den Spiegel ist nicht leicht, besonders nicht für Leute wie uns, die solchen Augenblicken so lange aus dem Weg gegangen sind.

Zu Beginn unserer Reise müssen wir uns auch klar machen, dass wir zunächst allein sein werden in unserem Kampf. Das wusste ich nicht, als meine Genesung begann, doch hoffentlich lernen Sie aus meinen Erfahrungen. Die ersten Tage, Wochen und Monate können sehr schwer sein. Es gab Zeiten auf dem Weg der Besserung, als ich mich fast noch schlechter fühlte als in meiner Krankheit. Sie werden jedoch Heilung erfahren, wenn Sie es zulassen. Sie werden durchkommen. Sie müssen auf andere zugehen, wie Sie es noch nie getan haben, und Sie müssen tief in sich selbst gehen, um Kraft zu finden. Sie werden sehen, Sie haben diese Kraft in sich, und zwar mehr davon, als Sie gedacht hätten, und Sie werden Hilfe finden, weil es Menschen gibt, die nur darauf warten, Ihnen helfen zu dürfen.

Vielleicht werden Sie sich an einen Psychologen wenden oder eine Gruppe der Anonymen Arbeitssüchtigen aufsuchen. (Mehr Informationen hierzu finden Sie in Anhang A.) Beides kann Ihnen dabei behilflich sein, Ihre Arbeitssucht zu erkennen und die ersten Schritte zu ergreifen, wieder zu leben. Wie Sie die Reise gestalten, ist Ihre Sache.

In meinem Fall half mir meine Frau, stets die Säule unseres täglichen Familienlebens, indem sie mit mir darüber sprach, wie meine Krankheit sich auf unsere und unserer Kinder Lebensqualität (oder den Mangel daran) auswirkte.

Wenn Sie Glück haben und ein Verwandter, Ihr Partner oder ein enger Freund offen zu Ihnen ist und wenn Sie klug genug sind, ihr oder ihm zuzuhören und wirklich in sich aufzunehmen, was Ihnen gesagt und was von Ihnen erwartet wird, können solche Gespräche Ihr Rettungsanker sein.

Wenn Sie nicht auf diese Stimmen hören, könnten Sie vollkommen zusammenbrechen und Ihre Arbeit, Ihre Familie und Ihre Selbstachtung verlieren. Vielleicht verlieren Sie sogar die materiellen Kostbarkeiten, die Sie gebraucht haben, um sich als vollwertiger Mensch zu fühlen. Es ist nicht leicht, um Hilfe zu bitten, doch das ist es, was Sie tun müssen.

Schritt 3: Begreifen Sie, dass Sie die Wahl haben

Als Workaholic haben Sie, wenn überhaupt, nur selten über eine Welt nachgedacht, in der Sie «die Wahl» hätten. Selbst wenn Sie Ihren Job «geliebt» haben, hat er Sie einer Reihe von Möglichkeiten und Ihres Gleichgewichts beraubt. Mein Freund Ben sagte einmal, er fühle sich frei an seinem Arbeitsplatz. Welch ein Paradox! Ich fragte ihn, warum er dieses Gefühl habe. Er sagte darauf, er hätte in seinem Job nie eine Wahl zu treffen. Das war seine Freiheit. Er wusste, was er zu tun hatte, oder jemand sagte ihm, was zu tun war, und er tat es dann.

Was Ben meiner Ansicht nach meinte, war die Angst, sich festzulegen. Wenn er an seinem Arbeitsplatz eine wichtigere Rolle gespielt hätte, hätte er sich öfter auf seine eigenen Entscheidungen festlegen müssen, und zu Entscheidungen kommt man nur, wenn man auf irgendeiner Ebene über sich selbst nachdenkt. Bens Arbeitswelt verlangte ihm keine Entscheidungen ab (bot ihm allerdings auch keine große Karriere, wie ich hinzufügen sollte), und das war ihm sehr lieb so.

Wer überzeugt ist, dass er die Wahl hat, wird am Ende eine wunderbare Freiheit empfinden. Das erste Erwachen zu der Erkenntnis, dass es im Leben hauptsächlich um Entscheidungen geht, kann uns jedoch mit Angst erfüllen. Wenn Sie sich eingestehen, dass Sie entscheiden können, folgt daraus unmittelbar, dass Sie für diese Entscheidungen verantwortlich sind, was wiederum bedeutet, dass Sie sowohl Ihre Fehlschläge als auch Ihre Triumphe selbst zu verantworten haben. Es ist natürlich immer bequemer, wenn man jemandem oder etwas anderem die Schuld für sein Los zuschieben kann. Führen Sie sich also die Entscheidungen, die Sie bei der Arbeit treffen, vor Augen. Sie sagen zu sich: «Ich muss das tun» oder «Das könnte ich niemals tun», weil «denen das nicht gefallen würde», aber ist es wirklich so? Letztlich sind Sie es, der mit seinen Entscheidungen sein Leben prägt.

Es fällt mir immer noch schwer, daran zu denken, dass ich in meinem Leben die Entscheidungen treffe. Vielleicht liegt das an meinem Vater, der Tag um Tag an seinen Schreibtisch gekettet war. Vielleicht war es schon zu spät für mich, als ich erkannte, dass er selbst es war, der sich das antat. Er war sein eigener Kerkermeister.

Oder der Grund ist, dass wir immer noch Geld verdienen müssen, auch während wir wieder eintreten in das wirkliche Leben. Wir fahren immer noch denselben Weg zur Arbeit, essen in denselben Restaurants zu Mittag und treffen uns mit demselben Freundeskreis (falls wir noch Freunde haben) nach der Arbeit. Es sieht nicht so aus, als hätten wir «die Wahl». Sobald Sie aber erkannt haben, dass niemand Sie daran hindern kann, Ihre Entscheidungen zu treffen, können Sie beginnen, wirklich etwas zu ändern.

Verwechseln Sie die Macht der Entscheidung nicht mit der Macht der Kontrolle. Natürlich, durch die Fähigkeit zu entscheiden haben wir eine gewisse Kontrolle über unser Leben, in größerem Maße, als wir je gedacht hatten, doch unumschränkte Kontrolle ist eine Illusion. Wir müssen uns von dem Denken verabschieden, dass wir je etwas vollkommen unter Kontrolle haben können. Wir können nicht bestimmen, wie die Leute um uns herum sich verhalten und was sie tun. Ich könnte wirklich nicht sagen, ich hätte Kontrolle über meine Kinder. Was aus ihnen wird, hängt davon ab, wer sie sind und was sie gelernt haben. Unser Ziel ist hier die Freiheit der Wahl, nicht die Tyrannei der Kontrolle.

Schritt 4: Wiederholen Sie Wort für Wort: Jeder Tag ist ein neuer Tag

Es stimmt. Der neue Morgen ist keine Fortsetzung vom letzten Abend oder des Nachmittags davor. Es ist wichtig, zu erkennen, dass der Heilprozess damit beginnt, dass Sie sich überschaubare Ziele setzen.

Gewöhnen Sie sich eine persönliche, tägliche Bestandsaufnahme an. Was haben Sie heute in Ihrer Welt vernachlässigt? Was haben Sie übersehen, beiseite geschoben oder ignoriert? Abgesehen von Ihrem Partner, Ihrer Familie und Ihrem Freund, worauf könnten Sie sich noch berufen, worin sonst könnten Sie sich wirklich wiederfinden? Sie wissen, dass nicht Ihre Arbeit Sie bestimmt, sondern Sie Ihre Arbeit – und nun auch Ihr Leben.

Man akzeptiert nicht gern, dass es einem nicht über Nacht besser gehen will. Man wird immer Rückschläge erleben. Wenn Sie in dem Bewusstsein starten, dass jeder Tag ein neuer Tag ist, wird es Ihnen leichter fallen, mit diesen unvermeidlichen Fehlern fertig zu werden. Sie dürfen einen kleinen Rückfall nicht wieder in vollen Workaholismus ausarten lassen. Haben Sie Geduld mit sich selbst.

Schritt 5: Gestehen Sie sich ein, dass Sie nicht vollkommen sind

Einer der ersten Schritte auf dem Weg zu einer gesünderen Arbeitseinstellung ist das Eingeständnis, dass Sie nicht vollkommen sind. Niemand ist das, und niemand wird es je sein. Es ist, wie wenn man dem bestaussehenden, fittesten, «perfektesten» Mann am Strand nachgafft und sich an ihm misst. Warum? Wo ist der Sinn? Meinen Sie wirklich, er sei vollkommen?

Erkennen Sie Ihre Stärken an. Denken Sie über sie nach. Halten Sie sich nicht damit auf, sich auf Ihre Unzulänglichkeiten zu konzentrieren. Das tun die meisten von uns den ganzen Tag. Es ist eine der Haltungen, die uns überhaupt in diese Lage gebracht haben. Wenn Sie unter diesem starren Denken über sich selbst leiden, dann beherrschen ähnliche Denkprozesse sicher auch andere Aspekte Ihres Lebens. Sie leiden, weil Sie der perfekte Schaffer sein wollen. Quälen Sie sich nicht noch mehr, indem Sie der perfekte Patient zu sein versuchen.

Ich weiß, es ist schwer, kein Perfektionist zu sein. Ich kämpfe noch heute dagegen an. Ich habe eine phantastische Vorstellungskraft. In meiner Vorstellung gibt es eine perfekte Beziehung, ein perfektes Fußballspiel, ein perfektes Zimmer, einen perfekten Job. Ich kann noch so sehr daran arbeiten, aber ich habe immer noch dieses Perfektionismus-Gen in mir, das ab und zu seine hässliche Fratze zeigt. Perfektionisten haben Schwierigkeiten mit der Heilung, weil wir so sehr an negatives Denken gewöhnt sind. Als Workaholics waren wir immer die großen Kritiker, entweder mit Kritik an uns selbst oder an anderen. Wir haben einen außerordentlichen Scharfblick entwickelt, wenn es um unsere eigenen oder anderer Unzulänglichkeiten geht. Das Schwerste daran, kein Perfektionist zu sein, ist der Konflikt mit unserem negativen, besserwisserischen Ego und der damit verbundenen Unfähigkeit, etwas für gut zu befinden. Was uns so schwer fällt, ist, auf den Arbeitstag zurückzublicken und zu sagen: Okay, das war's. Die Buchidee ist gut genug, die Klientin ist glücklich, besser können wir es nicht machen. *Das war's.* Die Worte mögen leichtfertig klingen, doch wie befreiend, wie erleichternd ist es, einfach aufhören zu können, glücklich damit, was man geschafft hat. Seien Sie nicht negativ. Pessimismus und Zynismus sind unsere wirklichen Feinde.

Ich versuche, mich zu fragen, warum ich mir selbst oder anderen gegenüber so kritisch bin, wenn ich mich bei solchem Verhalten ertappe. Was ist die Ursache? Kann ich anders reagieren, wenn mir die Entscheidungen oder das Verhalten anderer nicht gefallen? Natürlich kann ich das. Ich lenke ein und bekomme auf diese Weise meinen Willen. Es klingt nach einer simplen List, und das ist es auch, aber mein Einlenken schützt mich vor dem frustrierenden Gefühl, keine Kontrolle zu haben. (Kontrollinstinkt und Perfektionismus sind wie siamesische Zwillinge.) «Meinen

Willen bekommen» bedeutet für mich, dass ich mich mit dem Ergebnis meines Einlenkens wohler und zufriedener fühle.

Wenn ich mich dabei ertappe, überkritisch oder von meiner eigenen Meinung besessen zu sein, dann weiß ich, dass das Gespräch oder Geschäft, worum es auch gehen mag, für mich zu viel wird. Ich versuche mich zu bremsen, hinterfrage die Ursachen dieser «Kettenreaktion» – und lenke ein und lasse die Dinge auf sich beruhen.

Nicht, dass ich mich nicht mehr selbst kritisiere. Das tue ich gewiss. Es geht jedoch nicht mehr um Leben oder Tod, wenn ich etwas falsch mache oder wenn ich vergesse, einen Anruf zu beantworten. Die Erde kreist weiter um die Sonne, ganz ohne meine Hilfe, und so wird es bleiben. Mit dem Alter werde ich immer mehr Ruhe in mir selbst finden, das ist einfach so. Man lernt dazu. Man weiß irgendwann, welche Schlachten man schlagen muss und welche nicht der Mühe wert sind. Doch das Alter ist nicht der einzige Lehrmeister. Wenn Sie Ihre Erfahrungen als arbeitssüchtiger Perfektionist genauer betrachten, werden Sie bestimmte Verhaltensmuster erkennen: übertriebene Erwartungen, falsche Anhänglichkeit, Vertrauen in die falschen Leute, Großkotzigkeit, wilder Hunger nach mehr, mehr und immer mehr.

Perfektionismus und Kontrollsucht nähren diesen unstillbaren Hunger. Geben Sie es auf.

Schritt 6: Stellen Sie Ihre Arbeitsuhr

Als Nächstes sollten Sie darüber nachdenken, wie und wann Sie neue Barrieren und Grenzen errichten können. Schauen Sie sich Ihren Arbeitstag an – einen Achtstundentag, nicht die gewohnten fünfzehn Stunden. Wie viel müssen Sie wirklich tun?

Es gehört zum Zwölf-Schritte-Prozess, eine brutal Bilanz unserer Fehler aufzustellen. Eine ähnliche Bilanz müssen wir hinsichtlich unserer Arbeit ziehen. Beginnen Sie damit, alles aufzulisten, was Sie tun, was Sie gern tun würden und was von Ihnen erwartet wird. Wenn Sie diese Liste aufgestellt haben, lesen Sie sie durch und denken Sie darüber nach. Welche Aspekte Ihrer Arbeit rufen in Ihnen eine Überreaktion hervor? Was könnten Sie streichen? Welche Punkte benötigen nicht Ihre volle Aufmerksamkeit? Als ich meine Liste aufstellte, bemerkte ich, dass ich unwichtige Anrufe zu ernst nahm. Jedes Mal, wenn mein Anrufbeantworter eine Nachricht aufgenommen hatte, zuckte ich zusammen und beantwortete sie sofort. Gleichzeitig fiel mir auf, dass ich Anrufe, die zu Konfrontationen führen konnten, vor mir herschob. Heute versuche ich das Gegenteil zu tun. Ich weiß jetzt, dass ich um fünf das Büro verlassen kann, wenn ich mich nur um die wirklich schwierigen Anrufe kümmere. Ich weiß auch, dass viele der unwichtigen oder nicht so dringenden Anrufe bis morgen warten können.

Ständig die Uhr im Sinn zu haben hat durchaus seine Vorteile. Es könnte Ihnen helfen, realistische Zeitlimits zu beachten, so wie es mir geholfen hat. Ich versuche, meinen Arbeitstag spätestens um 18 Uhr, das heißt so kurz wie möglich nach 17 Uhr zu beenden. Zuerst bereitete mir das Sorgen. Was war, wenn ich den letzten Anruf nicht beantworten oder die letzte E-Mail nicht abschicken konnte?

Stellen Sie sich folgende Frage: Welches Hochgefühl verschafft Ihnen der Gedanke, was Sie gerade tun, sei so wichtig, dass es nicht bis morgen warten kann? Dieses Suchtverhalten muss keinen Schaden anrichten, hat aber gewiss das Potential dazu.

Teilen Sie sich Ihren Arbeitstag ein. Morgens war ich gewöhnlich voller Energie. Bis mittags hatte ich unzählige Briefe, Memos und Notizen geschrieben. Ich tat mehrere Dinge gleichzeitig, was gewöhnlich dazu führte, dass ich Rechtschreib- und Ausdrucksfehler machte. Wenn ich munter weiterschrieb, während ich einen Anruf erledigte, konnte ich dem Gespräch nicht vernünftig folgen. Es war auch meine Angewohnheit, etwas zu lesen oder E-Mails zu beantworten, während ich am Telefon war. Diese Schizophrenie hörte gewöhnlich erst auf, wenn die Person am anderen Ende der Leitung zum zwanzigsten Mal fragte: «Sind Sie noch da?» oder: «Haben Sie mich verstanden?» Mein Verhalten brachte nicht nur nichts, sondern war auch äußerst unhöflich.

Meine Nachmittage verbrachte ich in halber Bewusstlosigkeit und bekam meistens kaum etwas geschafft. Ich erkannte, wie viele «Aktivitäten» ich für mich erfand und wie wenig Arbeit ich tatsächlich erledigte. Gegen Abend war ich gewöhnlich stehend k. o.

«Sollen wir zusammen essen gehen?», fragte meine Frau dann manchmal.

«Nein, ich bin viel zu müde. Ich will nur nach Hause und lesen.»

Oder: «Wie wäre es mit einem Film? Wir waren seit Monaten nicht mehr im Kino.»

«Höchstens die Frühvorstellung», pflegte ich dann zu antworten, «nach dem Abendessen bin ich viel zu müde.»

Sie haben die gleiche Uhr an der Wand wie der Rest der

Welt. Warum kämpfen Sie gegen sie an? Warum sind Sie ihr hörig? Machen Sie sich tägliche, wöchentliche und monatliche Zeitpläne. Und machen Sie nur Pläne, die Sie auch einhalten können.

Versuchen Sie dies: Nehmen Sie Ihren Terminkalender zur Hand. Beginnen Sie mit dem kommenden Monat und tragen Sie für zwei Tage in jeder Woche «17:00» oder vielleicht «18:00» ein (wir wollen schließlich nichts überstürzen). Diese Eintragungen sind eine Verabredung mit Ihnen selbst, die Sie nur brechen dürfen, wenn ein WIRKLICHER NOTFALL vorliegt.

Sie wissen, was ein wirklicher Notfall ist. Falls nicht, hier ein paar Beispiele:

- Eine bestimmte Akte ist unauffindbar, und wenn Sie sie nicht wiederbeschaffen, könnten Sie einen Kunden verlieren.
- Das Computersystem ist abgestürzt, und Sie sind der Einzige, der weiß, wie man es wieder zum Laufen bekommt.
- Das Gebäude ist explodiert.

Und hier einige Beispiele dafür, was *kein Notfall* ist:

- Ein unzufriedener Kunde, wenn auch keiner der Schlüsselkunden für den Erfolg Ihres Geschäfts, verlangt Ihre Aufmerksamkeit.
- Die Klimaanlage ist ausgefallen.
- Das Übernachtpaket ist bis halb elf vormittags immer noch nicht angekommen.
- Jemand hat den Schlüssel zur Herrentoilette verlegt.

Ob Sie es glauben oder nicht, aber ich habe mich früher die ganze Zeit mit solchem Blödsinn aufgehalten. Gehen Sie stattdessen ins Fitnesscenter oder spazieren, gehen Sie ins Kino oder treffen Sie sich zu einem «Rendezvous» mit Ihrer Partnerin. Rufen Sie einen Freund an, frischen Sie eine Freundschaft auf, um die Sie sich lange Zeit nicht gekümmert haben, setzen Sie sich mit Verwandten in Verbindung. Kaufen Sie sich etwas, lesen Sie den Sportteil Ihrer Zeitung Seite für Seite (aber hüten Sie sich vor dem Wirtschaftsteil, denn wenn etwas ein Auslöser ist, dann dies).

Manchmal ist es ganz einfach. Sie brauchen sich nur einen Tag auszusuchen, an dem Sie um fünf Uhr Schluss machen. Oder folgen Sie dem Beispiel meines Freundes, der mit seinem Chef eine Regelung ausgearbeitet hat, nach der er im Sommer jeden Freitagnachmittag freihat, ganz gleich, was passiert. Dieser letzte Zusatz ist der Schlüssel. Wir müssen lernen, uns für die Dinge Zeit zu nehmen, die uns wichtig sind – ganz gleich, was passiert.

Die persönlichen Termine, die Sie in Ihren Kalender eintragen, sind ein wichtiges Symbol. Sie zeigen Ihnen schwarz auf weiß, dass die Dinge, die Sie für außerhalb der Arbeit geplant haben, ebenso wichtig sind wie das, was Sie für Ihre Arbeit tun. In meinem Terminkalender habe ich meine «Lesetage» markiert, an denen ich zu Hause bleibe. Ich habe es so eingerichtet, dass diese Tage um Weihnachten, Ostern, Pfingsten und so weiter liegen, damit ich Wendy bei den Vorbereitungen für diese Feste helfen kann. Ich nehme auch den Schulkalender zur Hand und schaue nach, wann die Kinder Ferien haben. Diese Tage trage ich ebenfalls in meinen Terminkalender ein. Manchmal plane ich sechs bis zehn Tage im Voraus, um die Ferienzeiten für meine Familie freizuhalten. Meine Mitarbeiter wissen, dass mir diese Tage heilig sind, dass ich diese Termine nicht absagen kann. Wir planen um sie herum, nicht umgekehrt.

Am Anfang nahm ich meine Termine mit mir selbst, meinen Freunden und meiner Familie nicht ernst genug. Ich hielt einen Tag für das Fitnesscenter frei, doch wenn ich um halb sechs oder sechs Uhr abends dort ankam, herrschte solch ein Gedränge, dass ich die Lust verlor. Also verlegte ich meinen Fitnesstermin auf eine Tageszeit, wenn dort weniger Betrieb herrschte, und bekam wieder Freude daran.

Jetzt halte ich mich an vier Abenden die Woche fit und bin sehr glücklich damit. Ich fühle mich gesünder und habe mehr Energie, was mich noch mehr motiviert, diese Termine einzuhalten.

Kürzlich berichtete Lisa Belkin in einem Artikel in den *New York Times* von einem frisch verheirateten Mann, der sich vorgenommen hatte, mindestens zwei Mal im Monat mit seiner jungen Frau essen zu gehen. Die beiden waren aber so mit ihrem eigenen Leben und mit anderen Leuten ausgelastet, mit denen sie sich nach der Arbeit zu treffen hatten, dass sie unter der Woche kaum noch etwas voneinander sahen, und dann waren sie meistens so müde, dass sie kaum den Mund aufbekamen. Der Mann beschloss daraufhin, einige Mittage dafür zu reservieren, sich mit seiner Frau zu treffen. Er vertraute seinen Plan einem Kollegen an, einem alten Eheveteranen, der – obwohl er seine Frau und seine Tochter wirklich anbetete – nur darüber lachte. Die Wirklichkeit ist leider anders, warnte er. Der Veteran sagte voraus, das junge Paar würde die Lunchverabredungen doch nur streichen oder immer wieder verschieben, dafür würde der Trubel des Arbeitstags schon sorgen, ganz gleich, welche guten Vorsätze sie fassten. Die beiden Männer gingen dann eine Wette ein: Für jede Mittagsverabredung mit seiner Frau, die er über das Minimum von zwei Mal im Monat hinaus einhielt, würde der skeptische Eheveteran dem Jungvermählten $100 zahlen, und der junge Mann würde dem Veteranen jedes Mal $100 geben, wenn er das Minimum von zwei eingehaltenen Terminen pro Monat nicht schaffte.

Wir wissen nicht, wer in dieser Wette den Kürzeren gezogen hat, doch das Prinzip finde ich bewundernswert. Wir haben hier einen Mann vor uns, der sich mitten am Tag die Zeit nehmen will, sich mit jemandem zu treffen, den er liebt, anstatt sich wie gewohnt mit einem Freund oder einer Gruppe von Kollegen zum Essen zu treffen. Und dann verschafft er sich weiteren Ansporn, sich an seinen Vorsatz zu halten, indem er seinen Plan jemand anderem mitteilt. Am Ende wettet er sogar darauf, dass er seine Prioritäten einhalten wird. Im *New Yorker* ist einmal ein wundervoller Cartoon erschienen, in dem ein gestresster Manager verzweifelt in seinem Terminkalender blättert, um einen passenden Tag für ein Treffen mit einem Kollegen zu finden. Am Ende brüllt er ins Telefon: «Wie wäre es mit NIE? Würde Ihnen das passen?» Der springende Punkt ist hier, dass wir die Zeit als unser Eigentum zurückerobern und konkrete Pläne fassen müssen, wie wir sie nutzen, wenn wir verhindern wollen, dass wir eine Mittagspause nach der anderen am Schreibtisch verbringen. Wir schlingen irgendeine Mahlzeit herunter, wissen nach zehn Minuten wahrscheinlich nicht mehr, was wir gegessen haben, und verpassen die Chance, die Arbeit Arbeit sein zu lassen und eine Pause einzulegen.

Nutzen Sie Ihre Mittagspause. Verlassen Sie Ihren Arbeitsplatz, auch wenn Sie nicht essen gehen wollen. Ich gehe zum Beispiel mittags gern in der Stadt spazieren. Ihre Mittagspause sollte dazu dienen, mit der Welt außerhalb der Arbeit in Kontakt zu treten, wenn möglich mit anderen Menschen.

Freitagabend. Stopfen Sie Ihren Aktenkoffer mit Sachen voll, die Sie mit nach Hause nehmen wollen, damit Sie am Wochenende «aufholen» können? Oder planen Sie, am Wochenende «nur für eine oder zwei Stunden» ins Büro zu fahren, um «ein paar Sachen zu erledigen»? Dann habe ich gute Neuigkeiten für Sie. Wenn Sie sind wie die meisten Leute, die arbeiten, werden Sie niemals ganz «aufholen», und es wird immer etwas auf Ihrem Schreibtisch liegen bleiben, was «zu erledigen» ist. Sie müssen es aufgeben, sich auf diese hoffnungslose Schlacht einzulassen, und lernen, mit dem Gefühl zu leben, dass Sie *nicht alles geschafft haben, aber das macht nichts*. Alles schaffen zu wollen, ist nur ein anderer Ausdruck für Perfektionismus, und Perfektionismus ist, wie schon dargelegt, eine gefährliche Sackgasse.

Vor einigen Jahren habe ich gelesen, wie die japanische Regierung Angestellten Geldprämien anbot, um sie zu veranlassen, die Wochenenden freizunehmen und ihren Urlaub in Anspruch zu nehmen. Die Regierung wollte ihre Mitarbeiter dazu ermutigen, weniger Überstunden zu machen und mehr Geld in die Wirtschaft zu schleusen, in Form von Tourismus, Einkäufen und so weiter. Ich habe den Artikel damals weggelegt und gedacht: «Was für Idioten.» Und dann ging mir auf, dass ich gar nicht viel anders war. Ich nahm mir selten ein Wochenende frei, und wenn ich es tat, dann nur mit Schuldgefühlen.

Doch das ist nun vorbei. Wenn kein wirklicher Notfall besteht, tue ich mein Bestes, meine Wochenenden allem Möglichen zu widmen, nur nicht der Arbeit. Meistens gehören sie meiner Familie, meinen Hobbys und anderen Interessen außerhalb der Arbeit. Das Wochenende ist meine Chance, meine Batterien aufzuladen, vom Arbeitstrubel Abstand zu nehmen und andere Bereiche meines Gehirns in Gang zu bringen. Wenn ich dann montags zur Arbeit zurückkehre, bin ich, weil ich diese Pause gehabt habe, wirklich kreativer und produktiver.

Erobern Sie also Ihre Wochenenden zurück. Machen Sie es sich zur Regel, dem Büro den Rücken zu kehren, und bringen Sie sich nicht in Versuchung, indem Sie Arbeit mit nach Hause nehmen oder ständig nachschauen, ob telefonische Nachrichten oder E-Mails eingetroffen sind. Das kann alles warten. Es geht schon alles ohne Sie weiter, ob es Ihnen gefällt oder nicht. Für Ihre Familie und Ihre Freunde sind Sie viel wichtiger.

Ich weiß, es ist leichter gesagt als getan, besonders wenn Ihr Auslöser ist, das Wochenende als die große Chance zu sehen, «viel geschafft zu bekommen». Nehmen Sie sich jedoch vor, sich jede Woche die zweitägige Pause zu gönnen, ganz gleich, was anliegt. Ich verspreche Ihnen, es macht Sie zu einem besseren Arbeiter und zu einem besseren Menschen.

Schritt 7: Fangen Sie klein an

Nehmen Sie sich am Anfang nicht zu viel vor, wenn Sie etwas ändern wollen. Beginnen Sie damit, zu einer festen Zeit die Arbeit zu verlassen. Sobald das funktioniert, beginnen Sie Pausen einzulegen und manchmal gar für diese Pausen den Arbeitsplatz zu verlassen. Als Nächstes bringen Sie sich dazu, eine vernünftige Mittagspause zu nehmen. Lassen Sie Ihre Arbeit am Arbeitsplatz zurück. Stopfen Sie sie nicht in einen Ordner oder einen Aktenkoffer und schleppen Sie sie nicht nach Hause. Wenn Sie nicht das ganze Wochenende für sich gewinnen können, streben Sie wenigstens einen komplett freien Tag an, und machen Sie es sich zum Ziel, diese freien Stunden auszudehnen.

Versprechen Sie nicht zu viel. Heben Sie nicht jedes Mal die Hand, wenn Ihr Chef einen Freiwilligen braucht. Treffen Sie sich in der Mittagspause mit einem Freund, doch treffen Sie sich nicht in Ihrem Büro. Planen Sie Urlaubsreisen, und nehmen Sie keine Arbeit und kein Telefon mit. Machen Sie Ihren Kollegen klar, dass Ihre private Telefonnummer nur für wirkliche Notfälle ist.

Besuchen Sie ein Fußballspiel. Kaufen Sie sich eine Jahreskarte. Gehen Sie ins Kino. Suchen Sie sich ein paar Bücher aus, die Sie schon immer lesen wollten – und lesen Sie sie auch. Bringen Sie Freude in Ihren Tag. Mit der Zeit werden Sie lernen, solche Freizeitaktivitäten zu einem Bestandteil Ihres Lebens zu machen. Lernen Sie Ihre Ehefrau, Ihren Partner, Ihre Freunde und Familie neu kennen (diesen Punkt werde ich in Kapitel 7 näher erörtern). Gehen Sie jedoch auch hier nicht zu viele Verpflichtungen ein, obwohl Sie als Workaholic dazu neigen werden. Versuchen Sie vielmehr, ein Gleichgewicht zu finden. Es wird sich einstellen, wenn Sie es zulassen.

Spielen Sie Ihr eigenes Spiel. Vergessen Sie, was Sie sagen «sollten», und sagen Sie von nun an, was Sie wirklich sagen, denken, fühlen, erinnern, glauben, lieben und schaffen möchten.

Viele Leute machen den Fehler zu denken, wir müssten große Veränderungen einführen, um unserem Leben eine andere Richtung zu geben. Es sind jedoch die kleinen Änderungen, auf die es ankommt, die kleinen Entscheidungen, die in unserem Leben die Wellen schlagen. Vor vielen Jahren habe ich praktisch über Nacht das Rauchen aufgegeben, von vier Packungen am Tag auf null, und obwohl sich mein Leben dadurch nicht radikal geändert hat, ist es seitdem anders genug, dass ich dankbar bin für diesen kleinen Unterschied.

Schon unser Entschluss, gegen unsere Arbeitssucht anzukämpfen, ist eine bedeutende Veränderung. Belasten Sie sich nicht gleich zu Beginn dieses Kampfes mit größeren Umstellungen. Gehen Sie in kleinen Schritten vor. Stellen Sie eine Liste der Freunde auf, mit denen Sie sich zerstritten oder den Kontakt verloren haben, und fassen Sie den Entschluss, eine dieser Freundschaften wieder zum Leben zu erwecken. Vielleicht rufen Sie diese Person nur einmal im Monat an, oder schicken Sie ihr eine E-Mail oder zwei, und bald wird Ihnen diese wiedergewonnene Freundschaft etwas bedeuten. Sie wird für Sie wertvoller sein, als Arbeit je sein kann.

Das ist es, was wir versuchen, wenn wir unseren Wiedereintritt in die Welt einleiten: Wir versuchen, unsere Werte zu finden oder wiederzuerlangen. Der Begriff «Werte» ist vielleicht überstrapaziert, besonders in der politischen Arena, ich rede jedoch nicht von den Werten der Gesellschaft, sondern von Ihren persönlichen Werten. Diese Werte brauchen nichts Großartiges zu sein. Vielleicht entscheiden Sie sich lediglich, Freundschaft höher zu bewerten als Arbeit oder Nachdenken höher als Handeln oder Ruhe höher als Hast. Sie werden Ihre eigenen Werte finden, sobald Sie mit Ihrer Arbeitssucht fertig zu werden beginnen. Und diese Werte werden Ihnen die Kraft verleihen, Ihre Sucht erfolgreich zu bekämpfen. Diese Werte zu finden und für sie einzutreten, wird letztlich erfüllend und befreiend sein und zu einem reicheren und weniger komplizierten und angsterfüllten Leben führen.

Schritt für Schritt. Wirklicher Wandel vollzieht sich in kleinen Schritten. Erzwungener Wandel endet oft in Versagen.

Schritt 8: Bleiben Sie positiv

Denken Sie positiver als bisher. Beginnen Sie, sich folgende Fragen zu stellen: Was habe ich getan, was ich als positiv einstufen würde? Was würde ich tun, was möchte ich tun, was positiv wäre? Haben Sie keine Angst vor diesen Fragen, oder in den Worten der Bestsellerautorin, die *Mut zur Unabhängigkeit** verfasst hat, Melody Beattie: «Hören Sie auf, gemein zu sich zu sein.» Es ist nicht leicht, optimistisch und positiv zu sein. Als wir noch sechzig, siebzig oder achtzig Stunden die Woche gearbeitet haben und unser Leben aus Streben, Treiben und Aggression bestand, hielten wir die Leute, die jeden Tag um fünf nach Hause fuhren, schlicht für Idioten (oder Verlierer). Wir sahen es als ein Zeichen von Schwäche und Naivität. Wir richteten uns zu dem Denken ab, es sei eine Tugend, stets negativ und auf der Hut zu sein: Es steht *nicht* alles zum Besten, die Welt kann jeden Moment über uns zusammenstürzen. So haben wir gedacht. Wir meinten stän-

* *Mut zur Unabhängigkeit – Wege zur Selbstfindung und inneren Heilung.* Heyne, 1992.

dig, irgendwelche «Katastrophen» abwenden zu müssen. Gegen diese Einstellung müssen wir nun ankämpfen. Katastrophen sind eine ernste Sache, doch wenn wir nicht wirklich dabei sind, Leben zu retten, ist nichts, was wir tun, so ernst, wie wir meinen. Deshalb ist es so wichtig, positiv zu denken.

Schritt 9: Nehmen Sie sich die Zeit, neue Energien und neue Interessen zu entwickeln

Kehren Sie zu den wahren Freuden des Lebens zurück, sei es die Wiedergeburt Ihrer Familie, eine neue Beziehung, die Befreiung, die Sie empfinden, wenn Sie einem Fitnessklub oder einer Kirchengruppe beitreten, oder irgendetwas anderes, auf das Sie früher im Namen der Arbeit und der Produktivität verzichtet haben.

Doch machen Sie nicht den Fehler, schnellstens die Zeit mit Arbeit zu füllen, die Sie für sich geschaffen haben. Genießen Sie die Lücken in Ihrem Terminkalender. Fangen Sie nur Dinge an, die Ihnen Freude machen. Und wenn eine schuldbewusste innere Stimme Ihnen zuflüstern will, Sie würden «Zeit verschwenden» mit Ihren neuen Aktivitäten, bringen Sie sie zum Schweigen.

Workaholics fühlen sich geistig, emotional und zuweilen auch körperlich eingesperrt. Reißen Sie diese Kerkermauern nieder, indem Sie Ihr neues Gefühl des Wohlbefindens und des «Lebendigseins» genießen. Sobald wir vergangene Sünden gegen uns (reale oder eingebildete) vergeben und vergessen können, fühlen wir uns wirklich wohl in unserem neuen Leben, das Tag für Tag einfacher und klarer wird. Preisen wir das Unvorhergesehene.

Nehmen Sie sich Zeit.

Kapitel 6

Lassen Sie die Arbeitswelt für Sie arbeiten

Wenn wir die richtigen Schritte ergreifen, wird es uns irgendwann besser gehen, doch das bedeutet nicht, dass mit uns auch die Welt geheilt ist. Die Welt dort draußen ist immer noch eine Welt der Faxgeräte, E-Mails und dringenden Anrufe. Vor allem ist sie jedoch voll von Arbeitseinstellungen, die sich nicht einfach ändern werden, nur weil Sie es möchten oder brauchen.

Arbeitsethik

Die «puritanische Arbeitsethik» oder einfach «Arbeitsethik», wie immer Sie es bezeichnen und wo immer Sie ihre Ursprünge sehen, lässt sich zu Folgendem zusammenfassen: Je mehr ich arbeite, ein umso besserer Mensch bin ich. Wir sind umgeben von ihren Werkzeugen und Leitsätzen. Wir kommen nicht weg von den sichtbaren Symbolen und der inneren Stimme, die uns die Gleichung «Arbeit = Tugend» einhämmern:

Telefon
FedEx
Fax
Handy
Autotelefon
Palm Pilot
E-Mail
Laptop
«Faulheit ist Sünde»
«Ein gutes Tagewerk»
«Ich brauche es sofort.»
«Wo bist du gewesen?»
«Nun mach schon!»
«Das mache ich am besten selbst.»

Nie zuvor sind Arbeitssüchtige so fürstlich belohnt und so leicht «produziert» worden. Dank IBM, Microsoft, Motorola, Apple und all den anderen neuen Maschinen, die Informationsaustausch zu einer Sache von Augenblicken machen, gerät man leicht in eine Situation, wo man lauter Arbeit, die wir früher nur im Büro gemacht hätten, mit nach Hause nimmt oder ins Auto oder auf den Weg vom Auto zum Büro und so weiter.

Beginnen Sie, Ihre Kollegen, Ihren Chef, Ihre Assistenten mit anderen Augen zu sehen. Schließlich verbringen Sie mehr Zeit mit diesen Leuten als mit Ihren Freunden und Ihrer Familie. Denken Sie einmal nach. Was ist Ihr Gefühl, wenn Sie deren Tun betrachten? Glauben Sie, sie sind vollkommen erfüllt in ihrer Arbeit? Ist der Arbeitsplatz ihre einzige Welt? Haben sie auch noch ein «anderes Leben», eine Familie, Freunde, Liebhaber? Wie haben Sie sich an der Energie genährt, die in dieser Atmosphäre steckt? Wenn Sie sich in einer Umgebung befinden, wo Arbeitssucht höher geschätzt wird als ein ausgewogenes Leben, wird man schnell davon angesteckt. Wenn Sie in Zusammenhang mit Ihren Kollegen und Mitarbeitern immer nur daran gedacht haben, was sie erreicht haben, dann wird es nun Zeit, dass Sie sie nach den anderen Aspekten ihres Lebens beurteilen. Wenn Ihnen nicht gefällt, was dabei herauskommt, warum geben Sie sich dann solche Mühe, sie nachzuahmen?

Erma Bombeck hat ihrem Vater nach seinem Tod folgende bewegende Worte gewidmet:

Ich ging in mein Zimmer und tastete unter dem Bett nach der Puppe, die mein Vater war. Als ich ihn fand, wischte ich ihm den Staub ab und setzte ihn auf mein Bett. Er tat nie etwas. Ich wusste nicht, dass sein Verlassen mir so wehtun würde. Ich weiß immer noch nicht, warum.

Colman McCarthy drückte ähnliche Gefühle aus:

Unser Vater hat uns alles gegeben, was wir uns je gewünscht haben, außer sich selbst … Der Workaholic mag leiden, wie er will, doch er ändert sich selten. Warum? Weil er eine Art Ausbund an Tugend ist. Er ist auserwählt als der, der am ehesten erfolgreich sein wird.

Ein Feuer entfacht das andere. Wer wollte nicht als tugendhaft gelten?

Ganz gleich, in welcher Phase der Arbeitssucht Sie sich befinden, die Welt um Sie herum können Sie nicht ändern. Und diese Welt glaubt an die Arbeit. Haben Sie je in einem Flugzeug gesessen und gezählt, wie viele Passagiere auf Laptops arbeiten, ihre Post durchgehen oder an Unterlagen in ihrem Aktenkoffer arbeiten? Wir genehmigen uns nicht einmal die Zeit, die Wolken zehn Kilometer über der Erde zu bestaunen. Es passt uns nicht, wenn der Pilot uns auffordert, bis auf weiteres alle elektronischen Geräte auszuschalten, als wären diese fünfzehn Minuten so entscheidend.

Wir können lernen, die Auslöser zu identifizieren und zu bekämpfen, doch was ist mit dem Arbeitsplatz als Umgebung? Wir können nicht einfach aufhören zu arbeiten, nur weil wir arbeitssüchtig sind. Wir dürfen jedoch auch nicht ignorieren, was der Arbeitsplatz uns antun kann.

Neopuritanismus

In den USA erleben wir heute eine Welle fundamentalistischen Denkens, vielleicht eine Überreaktion auf mehrere Jahrzehnte der Dekadenz, angefangen von einem Mangel an persönlicher Moral oder ethischem Verhalten bis zu dem Gefühl, dass unsere einstigen Helden in Sport, Politik und Unterhaltungsindustrie sich anscheinend alles erlauben konnten, manchmal sogar Mord. Es kann nicht nur schlecht sein, wenn Leute zu einem «sauberen» Leben zurückkehren möchten, es hat jedoch auch seine Gefahren. Menschen, die sich einst einem Leben voller Alkohol, Drogen und Sex hingegeben haben, stürzen sich jetzt mit der gleichen Hingabe in Arbeit und «Fitness». Sie verhalten sich immer noch wie Süchtige, doch das, wonach sie jetzt süchtig sind, ist ganz in Ordnung, da man nie zu reich oder zu schlank sein kann. Statt eines Cocktails haben sie nun ständig ein Telefon in der Hand, und am Arbeitsplatz wid Workaholismus nicht nur akzeptiert, sondern offen ermutigt.

Die Lösung ist natürlich nicht, zum Hedonismus der Achtziger- oder Neunzigerjahre zurückzukehren, sondern zu begreifen, wie gefährlich die neue Sucht Workaholismus geworden ist. Selbst wenn Sie nicht zu den Leuten gehören, die gerade erst eine Drogen- oder andere Abhängigkeit hinter sich haben, sind Sie anfällig für die allgemeine Atmosphäre, die heute herrscht. Man verteufelt die Exzesse der Vergangenheit und rechtfertigt das neue, «tugendhafte» Suchtverhalten. Und nach wie vor kann man sich verbergen in seinem Treiben, ganz gleich, was es ist. Der Schlüssel ist, dass man etwas tut, weil man es für richtig hält.

«Wenn ich Sie Sonntag nicht hier sehe, brauchen Sie Montag gar nicht erst wiederzukommen.»

Nein, das ist kein erfundener Spruch, es ist tatsächlich gesagt worden. Das Zitat stammt von einem bekannten Hollywood-Manager, der, wie die meisten Platzhirsche, von seinen Mitarbeitern vollkommene Hingabe und Besessenheit verlangt.

Wie jeder gute Workaholic hätte ich einen Chef, der von seinen Leuten totale Aufopferung erwartete, nicht nur verstanden, ich hätte ihm vollkommen zugestimmt.

Wir müssen lernen, uns Zeit für die Dinge zu nehmen, die uns wichtig sind, was immer man von uns erwartet. Das ist vielleicht die schwerste Lektion zu Beginn des Heilungsprozesses. Eine unserer Ängste ist immer gewesen, dass, wenn wir etwas nicht tun, jemand anderes kommt (in der Regel ein jüngerer, talentierterer und beim Chef beliebterer Mann), der uns zuvorkommen und allen Ruhm ernten wird.

Soll er doch.

Zu Beginn, als ich aufhörte, ständig über meine Schulter zu schauen, um die anderen «Macher» in Schach zu halten, die mir auf den Fersen waren, fand ich es höllisch schwer, nicht gleich loszurennen und mich in meinem Büro zu verkriechen. Allmählich dämmerte mir, dass meine Familie mich immer noch liebte. Ich war immer noch gesund. Ich wusste, ich würde mich nicht ganz von neuem bestätigen müssen. In diese Schlinge würde ich meinen Hals nie mehr legen. Ich mochte jahrelang einen Narren zum Chef gehabt haben, aber er hatte sich doch sehr gebessert. Er war viel weiser als früher.

Wenn wir wirklich eine Besserung erzielen wollen, müssen wir zunächst unsere Zeit ernst nehmen. Wir müssen aufhören, damit herumzuspielen und unsere Familientermine immer wieder zu verschieben, Urlaube abzubrechen und vom Esstisch aufzuspringen, wenn die Arbeit ruft. Und wenn jemand anderes ein solches Leben führen möchte, dieses kranke, einsame, isolierte Leben, das wir hinter uns zu lassen versuchen, dann soll er es doch tun. Wir wissen, was es heißt, krank zu sein. Sollen sie doch so weitermachen, wenn sie wollen.

Please please me (oh yeah)

Workaholics sind gefällige Menschen. Diese Aussage mag Sie zunächst überraschen (schließlich sind wir, wenn wir auf Hochtouren arbeiten, jähzornige und gereizte, geradezu unmögliche Scheusale), doch wir haben von unseren Vätern, deren Arbeitssucht wir nachgeahmt haben, das Bedürfnis geerbt, anderen zu gefallen. Oft sind wir Perfektionisten, und nichts genügt unseren hohen Maßstäben und Erwartungen.

Die extreme Erhöhung des Tempos, in dem wir arbeiten, hat dazu geführt, dass der Arbeitsplatz zu einer Brutstätte des Workaholismus geworden ist. Da die Ziele immer höher gesteckt werden, kann praktisch niemand leisten, was von ihm verlangt wird. Man verlangt heute von uns, dass wir es allen recht machen, wenn wir überleben wollen. Nehmen Sie alles zusammen, was die neue Arbeitsumgebung charakterisiert – E-Mails, Faxe, Anrufe, normale Post und Expresspost –, und Sie haben ein Gebräu, das für einen Mann mit der richtigen Suchtveranlagung eine furchtbare Versuchung darstellt.

Doch so, wie wir uns vor Augen führen konnten, dass all die alten Sprüche über harte Arbeit nicht immer wahr sind, können wir uns auch die Fähigkeit aneignen, weniger darauf versessen zu sein, den Anforderungen des modernen Arbeitsplatzes gerecht zu werden. Es ist ein schmaler Pfad, den man aber mit etwas Übung meistern kann. Als Erstes müssen wir identifizieren, was für unsere Arbeit wichtig ist und was nicht. Das ist nicht immer einfach, besonders an einem hoch technisierten Arbeitsplatz, wo jede Korrespondenz den Stempel «Dringend» zu tragen scheint.

Arbeit um ihrer selbst willen. Sie erkennen es, wenn Sie es sehen, oder spätestens, wenn solche Arbeit von Ihnen verlangt wird. Versuchen Sie, sich nicht in sinnlosem Aktivismus zu verstricken. Finden Sie Ihr eigenes Tempo, und lassen Sie sich nicht von anderen einen Arbeitsrhythmus aufzwingen, sonst leiden Sie und Ihre Arbeit. Sie kommen zweifellos zu besseren Ergebnissen, wenn Sie nach Ihrem eigenen Zeitempfinden arbeiten.

Vielleicht sollten Sie darüber nachdenken, einen Kurs zum Thema Zeitmanagement zu belegen oder ein Buch zu lesen, um zu lernen, wie man sich seine Arbeit einteilt. Oder Sie suchen sich einfach eine Situation aus, in der Sie normalerweise sofort springen, und versuchen, sie auf andere Weise anzugehen. Zum Beispiel könnten Sie jedes Fax zwei Stunden liegen lassen, bevor Sie es beantworten, oder jedes Mal eine halbe Stunde warten, bevor Sie eine soeben erhaltene E-Mail öffnen. Und was werden Sie entdecken, sobald Sie aufhören, für jeden sofort zur Stelle sein zu wollen? In den meisten Fällen wird es überhaupt niemand bemerken.

In seinem Buch *Change Your Brain, Change Your Life* beschreibt der Neurologe Daniel G. Amen ein einfaches Rezept, das er Patienten ans Herz legt, die sich zu viele Gedanken darum machen, was andere Leute über sie denken. Er nennt es die «18/40/60-Regel»:

- Mit achtzehn machen Sie sich darüber Sorgen, was jeder über Sie denkt.
- Mit vierzig kümmern Sie sich einen feuchten Kehricht darum, was die Leute über Sie denken.

- Mit sechzig wird Ihnen klar, dass niemand über Sie nachdenkt.

Das ist die Krux: Viel von unserem Drang, zu viel zu arbeiten, geht auf das Verlangen zurück, Phantome zufrieden zu stellen. Unsere Kollegen möchten, dass wir unser Bestes geben, sie erwarten jedoch nicht, dass wir uns für sie aufopfern.

Ich ermuntere Sie damit nicht, schlampige Arbeit abzuliefern oder nicht ernsthaft zu versuchen, eine Aufgabe vernünftig zu erledigen. Doch seien wir ehrlich: Wenn Sie heute Nachmittag von einem Auto angefahren würden, wäre das wirklich das Ende Ihrer Firma? Würde der Laden Bankrott gehen? Würde das Gebäude abbrennen? Natürlich nicht. Gute Arbeit sollte belohnt werden, doch sich in Grund und Boden zu arbeiten ist keinen Lohn wert.

Die Kunst des Neinsagens

«Ich komme einfach nicht hinterher», erzählt ein Bekannter von mir, «es ist unmöglich. Wenn ich ständig auf vollen Touren arbeiten muss, liefere ich Pfusch ab, und das merken meine Kunden. Und meine Chefin merkt es auch.» Doch anstatt sich gegen seine Vorgesetzten zu behaupten, glaubt dieser Mann an die Theorie, es wäre besser, rund um die Uhr zu arbeiten und schlechte Arbeit abzuliefern, als alles ruhiger anzugehen und Gefahr zu laufen, als jemand dazustehen, der sich nicht hundertprozentig engagiert.

Dieses Denken ist gefährlich. Ähnlich wie beim Perfektionismus-Auslöser, den ich im vergangenen Kapitel diskutiert habe, sind wir uns hier oft selbst der schlimmste Feind. Eine der größten Schwierigkeiten des Arbeitssüchtigen ist seine Unfähigkeit, mit Kritik fertig zu werden. Die Chefin meines Freundes ist ebenso überfordert wie er. Ein großer Teil seines Problems ist, dass er ihre Kommentare aufbauscht und persönlich nimmt.

Workaholismus ist nicht nur weit verbreitet, er ist auch ansteckend. Die Anforderungen, die unsere Vorgesetzten an uns stellen, sind oft unrealistisch. Was wir versprechen zu tun und was wir wirklich tun *können,* sind oft zwei ganz verschiedene Dinge.

«Ich will nicht so hart arbeiten wie meine Chefin», sagt eine Bekannte. «Sie hat keine Familie, aber ich habe eine. Sie hat nur ihr Betriebswirtschaftsdiplom und glaubt, sie sei allwissend. Sie will ständig neue Systeme einführen und alles analysieren. Sie tyrannisiert unsere ganze Abteilung mit ihrem Bedürfnis, ihr Leben mit Arbeit auszufüllen. Wir sollen uns für all die neuen Technologien und Informationssysteme begeistern und sie als wundervolle Herausforderung ansehen. Stattdessen habe ich das Gefühl, ich komme nicht mehr mit und muss ständig nachfragen. Ich denke fast jeden Abend, ich hätte versagt.»

Wer ist hier der wahre Versager? Die Arbeitskraft oder das System? Wir müssen begreifen, dass die meisten Dinge, die Stress erzeugen, von keinem von uns beherrscht, geändert oder aus dem Weg geräumt werden können. Solange wir uns von diesen Dingen nicht absetzen und die Zeit, die wir mit Arbeiten verbringen, nicht eingrenzen können, fällt es uns schwer zu erkennen, wie wenig Kontrolle wir haben und wie mächtig die äußeren Umstände sind. Manchmal wirft uns schon der geringste Rückschlag aus der Bahn.

«Unsere Interpretation eines Ereignisses ruft bestimmte körperliche Reaktionen hervor», erklärt Dr. Phillip Eichling, der medizinische Direktor der *Canyon Ranch*-Kurheime in Arizona und Massachusetts. «Wir können äußere Stressfaktoren nicht kontrollieren, doch wir können lernen, sie zu erkennen und auf sie zu reagieren.»

Sie brauchen sich nicht die Haare zu raufen, weil Sie meinen, Sie seien eine Enttäuschung für Ihren Chef. Halten Sie inne und versuchen Sie, die Situation vernünftig einzuordnen. Sind die Anforderungen an Sie realistisch? Würden Sie solche Anforderungen an andere stellen? Anstatt schweigend den Status quo zu akzeptieren, können Sie versuchen, Ihre Realität Ihrem Vorgesetzten nahe zu bringen. Weihen Sie ihn oder sie in Ihre Prioritäten und Ihre Erwartungen an sich selbst ein. Geraten Sie nicht ins Trudeln, wenn Sie tyrannisiert oder vor unmögliche Anforderungen gestellt werden. Geben Sie sich nicht selbst die Schuld. Wenn das Haus Ihres Chefs in Brand steht, heißt das nicht, dass Sie den Brand gelegt haben.

Versuchen Sie es mit Argumenten. Lassen Sie Ihren Chef oder Ihre Chefin wissen, dass Ihnen daran liegt und dass es Ihre Absicht ist, gute Arbeit zu leisten. Sie haben jedoch auch ein Leben außerhalb des Büros, was – und darauf könnten Sie ihn oder sie (und sich selbst) höflich aufmerksam machen – Sie zu einem gewissenhafteren und produktiveren Mitarbeiter macht. Sie bestehen nicht nur aus Ihrer Arbeit. Ihre Persönlichkeit setzt sich aus vielen Komponenten zusammen – zum Beispiel Ihrer Liebe zu Musik, Gedichten, Fußball, Autos oder Ihrer Partnerin.

Ihr Chef muss einsehen, dass diese Dinge nicht nur «Unterbrechungen» Ihres Arbeitslebens darstellen. Sie gehören zum bunten Muster Ihrer Identität. Und wegen dieser Identität, weil Sie sind, der Sie sind, sind Sie schließlich erst eingestellt worden.

Zu viele Manager haben ganz falsche Prioritäten. Nach meiner festen Überzeugung erzielt man eine weit höhere Produktivität, wenn man seine Leute nicht wie unmündige Helferchen, sondern wie Erwachsene behandelt, wenn man seinen Mitarbeitern Respekt entgegenbringt und echtes Interesse an ihnen zeigt.

Wir arbeiten in einem sehr stressgeplagten, kontaktintensiven Geschäft. Ich habe am liebsten Leute um mich, die gern für mich arbeiten, und je weniger Stress herrscht, desto glücklicher und produktiver sind sie. Deshalb arbeiten wir im Sommer nur halbe Freitage. Ich ermutige meine Mitarbeiter, zu einer vernünftigen Zeit das Büro zu verlassen und auch während des Tages nach draußen zu gehen und etwas Sonne und frische Luft zu tanken.

Ich gehe schlicht davon aus, dass einer der jungen Männer in meinem Büro Vaterschaftsurlaub nimmt, sobald seine Frau ihr Baby bekommt. Es ist menschlich. Es ist angemessen. Es gehört zu einem ausgewogenen Leben.

Wenn ein Mitarbeiter zu lange arbeitet oder an Wochenenden ins Büro kommt, ertappe ich mich gar dabei, ihn (leise) zu ermahnen. In Notfällen habe ich nichts dagegen, aber es sollte auf keinen Fall die Norm sein. Als Workaholic in der Genesung will ich bewusst ein Vorbild sein und meine Mitarbeiter zu einem besseren Verhalten ermutigen.

Wenn Sie zu Ihrem Vorgesetzten sagen können: «Wenn

ich dieses Projekt übernehme, wird es vielleicht nicht rechtzeitig fertig, weil ich noch mit Projekt A, B und C zu tun habe», dann haben Sie schon viel gelernt.

Sie könnten auch argumentieren: «Ich will das wirklich vernünftig machen, aber ich fürchte, ich habe im Moment schon zu viele Eisen im Feuer, und wenn ich alles zu schaffen versuche, könnten wir in eine Situation geraten, wo ich mit den Ergebnissen nicht zufrieden bin, und das wäre schlecht, nicht nur für mich, sondern letztlich auch für Sie.» Oder Sie sagen: «Es würde uns mehr bringen, wenn ich an zwei Nachmittagen die Woche früher gehen könnte, um meine Tochter vom Tagesheim abzuholen. Ich wäre ein besserer, glücklicherer Kerl, und das würden Sie an meinen Leistungen merken.» Bevor ich den Mut fasste, mich selbstständig zu machen, musste ich die Courage finden, meine Vorgesetzten zu fragen: «Wollen Sie es sofort oder wollen Sie es vernünftig?» Heute fordere ich alle meine Mitarbeiter auf, sich selbst diese Frage zu stellen.

Es geht hier nicht um Manipulation. Sie wollen sich nicht vor Arbeit oder Verantwortung drücken. Wenn Sie einen Handel anbieten, wie etwa, dass Sie früher gehen, um Ihre Tochter abzuholen, und dafür eine höhere Produktivität versprechen, dann müssen Sie dieses Versprechen auch einhalten. Das Wunderbare ist hier, dass Sie die Wahrheit sagen: Wenn Sie glücklicher sind, werden Sie tatsächlich produktiver arbeiten. Es ist nur vernünftig. Ein einzelner Feuerwehrmann kann nicht ein ganzes Stadtviertel löschen.

Ich ziehe es bei weitem vor, wenn meine Mitarbeiter mir sagen, wenn sie sich überlastet fühlen und ihre Arbeit darunter zu leiden beginnt. Welchen Sinn hätte es für sie und für mich, wenn sie sich stattdessen immer mehr Aufgaben aufhalsen würden?

Wir können den Realitäten des Arbeitsplatzes nicht entkommen. Es wird tatsächlich von uns erwartet, dass wir immer mehr tun, in immer kürzerer Zeit. Wir sind angehalten, jedem einzelnen Projekt weniger Aufmerksamkeit zu widmen, damit wir mehr Aufgaben abarbeiten können. Ich sehe jedoch immer mehr Manager, die verstehen, dass sie das Beste aus ihren Angestellten herausholen, wenn sie ihnen eine höhere Flexibilität zugestehen. Wenn Ihr Chef jedoch überhaupt kein Ohr für Ihre Argumente hat, wenn er oder sie überhaupt keine Menschlichkeit zeigt, an die Sie appellieren können, dann müssen Sie den Tatsachen ins Auge sehen: Sie sollten lieber woanders arbeiten. Es ist vielleicht leicht gesagt, doch Sie sollten sich lieber etwas anderes suchen, denn mit einem solchen Vorgesetzten werden Sie untergehen, dafür wird er oder sie mit Sicherheit sorgen. Wenn Sie sich an einen Job klammern, in dem Sie nicht ermutigt werden, sich um das zu kümmern, was Ihnen am meisten am Herzen liegt, enden Sie als kleines Rädchen in der Maschine, als die Ihr Chef seinen Laden sieht. Wenn Sie sich damit zufrieden geben, ein solches Rädchen zu sein, das nie geschmiert oder gewartet werden muss, dann verpassen Sie Ihre Chance, eine aufregendere, lohnende und erfüllende Tätigkeit zu finden. Sie werden zu einer Arbeitsbiene.

Sie können auch lernen, einige der allgemeinen Sichtweisen zu ignorieren, die am Arbeitsplatz herrschen. Wenn ein Kollege Sie für gute Arbeit lobt, können Sie sich über das Kompliment freuen. Sie können sich aber auch in Erinnerung rufen, dass mehr zum Leben gehört, als «gute Arbeit» zu leisten. Wenn Sie sich das nächste Mal aufgefordert fühlen, geschäftig zu erscheinen, weil ein wichtiger Kunde zu Besuch kommt, kümmern Sie sich nicht darum. Sie wissen schließlich, dass Sie nicht unbedingt das optimale Leben führen, nur weil Sie in der Lage sind, beschäftigt zu wirken oder sich beschäftigt zu halten.

Sie wollen Ihre Arbeit lieben, Sie wollen nicht ihr Sklave sein. Wenn Sie außerhalb der Arbeit Ihre Balance finden, macht Sie das zu einem besseren Mitarbeiter, der neue Perspektiven einbringen kann.

Was wir von unseren Söhnen und Töchtern lernen können

Das Pendel schwingt inzwischen in die andere Richtung. Eine ganze Generation von Leuten zwischen zwanzig und vierzig blickt heute über traditionelle Jobs hinaus und ist nicht mehr bereit, die Loyalitätspflicht gegenüber einem Arbeitgeber, die für unsere Väter und Großväter so selbstverständlich war, einfach zu akzeptieren. Ich will damit nicht sagen, dass alle jungen Erwachsenen heutzutage von Job zu Job hüpfen und dass es ihnen an Richtung und Stehvermögen fehlt. Ich habe jedoch den Eindruck, dass besagte Richtung heute stürmischen Veränderungen unterliegt. Diese jungen Leute sehen das Leben auf andere Weise und experimentieren entsprechend mit neuen Arbeitseinstellungen. Die Veränderungen, die ihre Arbeitswelt durchdringen, reflektieren die technologische Gesellschaft, in der sie leben. Es ist nicht leicht, einen Beruf zu finden, der zugleich erfüllend und täglichem Wandel unterworfen ist. Ich treffe zahllose jüngere Erwachsene, die nach Tätigkeiten suchen, die ihnen Flexibilität erlauben und ihrem persönlichen Wachstum oder ihren Interessen außerhalb der Arbeit nicht im Weg stehen.

Vor wenigen Jahren waren die so genannten «Aussteiger» ein beliebtes Thema, die Leute unter dreißig, die dem Arbeitsleben den Rücken kehrten und ihre Tage und Nächte in Cafés und Nachtclubs verbrachten. Doch was soll so schlecht daran sein? Ich kann mir keine bessere Art vorstellen, seine Jugend zu verbringen, als sie auf diese Weise zu «verschwenden». Und wenn Sie anderer Meinung sind, versuchen Sie sich zu erinnern, wie oft Sie an Ihre Studentenzeit zurückgedacht und sich nach diesen unkomplizierteren Tagen zurückgesehnt haben. Wir alle sollten öfter «aussteigen». Es ist schade, dass nicht mehr junge Leute in der heutigen superschnellen Wirtschaftswelt ihre Zeit mit Reisen oder dem Schreiben von schlechten Gedichten verbringen. Mit achtzehn haben sie ihre eigenen Firmen, etwas, wovon viele ältere Leute nie zu träumen gewagt hätten, bevor sie mehr Lebens- und Arbeitserfahrung gesammelt haben. Es ist schön, wenn Leute in so jungen Jahren so viel erreichen (obwohl ich zugeben muss, dass meine paranoide Seite es als einen Grund mehr ansah, mich noch tiefer in meine Arbeit zu vergraben), zugleich mache ich mir jedoch Sorgen, dass sie zu früh den Freuden der Arbeitssucht verfallen könnten.

Andererseits gründen junge Leute heute «Dotcom»-Unternehmen oder andere neuartige Betriebe und machen ihre Arbeit zu einem integralen Bestandteil ihres «ganzen» Lebens. Ich glaube, diese Männer und Frauen haben sich für etwas viel Gesünderes entschieden als ich in ihrem Alter. Firmengründungen scheinen sich heute in einer weniger formellen Atmosphäre zu vollziehen, wo herkömmliche Rangordnungen praktisch nicht mehr existieren. Die Struktur solcher Unternehmen erinnert eher an eine Großfamilie. Man denkt kollegialer als früher. Die Einstellung scheint zu sein: «Es ist unsere Firma. Wir machen alles zusammen.» Es herrscht weniger Konkurrenz zwischen Managern und Mitarbeitern, man fühlt sich eher als eine Gemeinschaft. Die Bürotüren stehen offen, persönliche Arbeitsbereiche sehen weniger wie Festungen aus. Statt Starrheit herrscht Flexibilität. An diesen neuen Arbeitsplätzen wirkt man bewusst auf eine Atmosphäre hin, wo einem die Kollegen und Mitarbeiter wirklich am Herzen liegen. Angestellten wird erlaubt, Arbeitsbereiche und Arbeitszeiten zu teilen. Mehr Leute arbeiten von zu Hause aus. Vieles an diesem neuen Arbeitsmodell ist nachahmenswert.

Der Arbeitssüchtige als Therapiehelfer

Als Arbeitssüchtige auf dem Weg der Besserung sollten wir versuchen, öffentlich für eine andere Einstellung einzutreten. Natürlich sieht sich niemand gern einem Besserwisser oder Bekehrer gegenüber, weshalb es in unserer Situation der größte Fehler wäre, ständig darauf hinzuweisen, wie krank alle anderen sind. Wir können jedoch, zum Beispiel wenn wir auf einer Party sind und eine Gruppe von Männern beginnt, über die Arbeit zu reden, das Gespräch in eine andere Richtung lenken, zum Beispiel Urlaub oder Familie, irgendetwas. Das ist unter Umständen schwerer, als es klingt. Wie Sie wahrscheinlich wissen, können Sie über alles Mögliche reden, und dennoch gibt es bestimmte Leute, die immer wieder zum Thema Arbeit finden. Wie ich schon sagte: Wir können uns ändern, doch die Welt werden wir wahrscheinlich niemals ändern. Selbst die kleinsten Siege erleichtern jedoch unseren Heilungsprozess. Und für diejenigen in Ihrer Umgebung, die in Gefahr sind, der Arbeitssucht zu verfallen, kann jede kleine Erinnerung, dass mehr zum Leben gehört, als nur zu arbeiten und ständig davon zu reden, die große Rettung sein.

Selbstanalyse

Für viele von uns auf dem Weg der Heilung ist es nicht genug, unsere Tagesroutine und momentanen Entscheidungen im Auge zu behalten. Am Schreibtisch oder wo immer wir arbeiten, können wir nicht all die Fragen beantworten, die uns plagen. Auch auf einem Atlantikflug kann man nicht wirklich in sich gehen, besonders nicht, wenn wir einen Laptop auf dem Schoß haben. Selbst bei der Arbeit können wir jedoch einen kurzen Blick auf unser Leben werfen. In Augenblicken, wenn man uns wieder einmal die Tugend der Arbeit vorhält oder wenn wir in einer arbeitsbezogenen Unterhaltung stecken, an der wir kein Interesse haben, da wir uns amüsieren möchten, können wir unsere Gedanken ein wenig schweifen lassen. Für einen kurzen Moment können wir uns in Erinnerung rufen, was unsere Werte sind und worauf es für uns wirklich ankommt.

Wie viel Geld ist genug?
Was sind meine wirklichen Prioritäten?
Was sind (waren einmal) meine Träume?
Woran möchte ich mich erinnern, wenn ich im Alter auf mein Leben zurückblicke?
Woran glaube ich? Vielleicht an eine höhere Instanz? Wenn nicht, was ist mein Platz auf dieser Welt?
Welche Menschen liebe ich? Wie zeige ich ihnen das?
Wann habe ich ihnen das letzte Mal gesagt, dass ich sie liebe?
Wer sind meine Freunde?

Können Sie in Ihrem Job der engagierte, hart arbeitende Profi sein, der mehr leistet als andere, und können Sie dieses Bedürfnis, weiterzukommen, Großes zu leisten und der Beste zu sein, dann abschalten, wenn Sie nach Hause kommen? Sind Sie in der Lage, die richtige Balance zu finden?

Es geht im Grunde darum, dass Sie sich Grenzen setzen. Es geht darum, dass Sie sich bewusst sind, was Sie tun. Wann sind Sie im Dienst und wann ist es Zeit abzuschalten? Die Wurzel unseres Problems mit der Arbeit ist mangelnde Selbstanalyse. Um herauszufinden, was eigentlich unsere Ziele sind, müssen wir uns in jedem Augenblick die Frage stellen können: WAS WILL ICH? WAS MÖCHTE ICH SEIN? WAS IST MIR WICHTIG, WIRKLICH WICHTIG? Diese Selbstbefragung wird die Welt nicht aus den Angeln heben, und wahrscheinlich werden Sie Ihre eigenen Fragen haben, die Sie beschäftigen. Es ist nur ein kleiner Schritt, aber es wird Ihnen helfen, Ihre Beziehungen wieder aufzubauen, Ihre Arbeit wieder in der richtigen Perspektive zu sehen und sich aus der Tretmühle zu befreien, in die Sie sich verkrochen haben. Vor allem ist es ein Beginn. Wenn wir uns nicht die Zeit nehmen und versuchen, selbst zu bestimmen, wer wir sind, dann werden es andere für uns tun.

Im Idealfall erfahren Sie auf diese Weise mehr darüber, weshalb Sie den Zwang spüren, an Ihrem Arbeitsplatz der große Macher zu sein. Sie werden erkennen, dass Sie Ihre Arbeit auch ohne den Adrenalinstoß bewältigen können, den das Gefühl Ihnen bringt, der Spitzenmann zu sein. Während Sie sich an eine Veränderung herantasten, sollte Ihr erstes Ziel sein, wenigstens zu Hause nicht als das große Geschäftsgenie aufzutreten. Ihr Wunsch sollte sein, dass man Ihnen zuhört, dass man sich um Sie kümmert, Sie zum Lachen bringt, Sie umarmt und Sie liebt, und nicht, dass man Sie als «wichtigen Mann» ansieht. Wenn Sie nur noch Ihre Arbeit kennen, haben Sie zu Hause nichts mehr zu bieten.

Wir wissen alle, wie schwer es ist, den Übergang von dem Chaos am Arbeitsplatz zu dem Chaos zu Hause zu schaffen. Wenn Sie sich noch Sorgen um Ihre Arbeit machen, wenn Sie abends vor Ihrer Haustür stehen, werden Sie keine Sekunde Geduld übrig haben und werden kaum geneigt sein, sich hinzusetzen und jemandem zuzuhören. Wenn Sie etwas Zeit für sich selbst brauchen, bevor Sie in Ihr Familienleben schlüpfen können, dann nehmen Sie sich diese Zeit. Ziehen Sie sich für eine Viertelstunde zurück. Überdenken Sie den vergangenen Tag. Denken Sie darüber nach, was wirklich wichtig ist. Bringen Sie den Druckkessel nicht mit nach Hause. Nehmen Sie sich die Zeit, sich zu sammeln.

Wenden wir uns nun der Frage zu, wie wir unser Leben außerhalb des Büros ins Gleichgewicht bringen können.

Kapitel 7

Hier bin ich also, aber wo bin ich? Wie Sie Ihre Beziehung zu sich selbst, zu Ihrem Partner, Ihrer Familie und Ihren Freunden finden und erhalten können

Das große Erfolgsgeheimnis ist, als ein Mann durchs Leben zu gehen, der nie verbraucht sein wird.

Albert Schweitzer

Wichtig ist, wie Sie leben wollen. Wie Sie wissen, liegt die Betonung oft auf Erfolg, das höre ich die ganze Zeit. Ich weiß jedoch, es gibt keinen Erfolg, wo keine Freude ist. Anstatt in Ihrem Leben den Erfolg zu suchen, suchen Sie also nach der Sache, die Ihnen die größte Freude schenkt. Freude ist das einzige Ziel, das es wirklich anzustreben lohnt.

Oprah Winfrey

Balance in Ihre Tage bringen bedeutet nicht einfach, dass Sie Ihren Terminkalender verstecken, Ihr Handy abschalten, das Faxgerät ausstöpseln und alle Ihre Uhren anhalten. Wir reden hier von wirklich tief greifenden Veränderungen, die ihre Zeit brauchen, und diejenigen, die Ihnen nahe stehen, können Ihnen helfen, die Änderungen in Ihrem alltäglichen Leben zu bewältigen.

Die Menschen zuerst

Zu Beginn, als Sie erkannt haben, dass Sie sich in eine Sackgasse gearbeitet haben, mögen Sie sich sehr allein gefühlt haben. Der Weg zur Besserung sollte jedoch keine einsame Reise sein. Es wird Zeit, dass Sie mit den Menschen, die Ihnen am meisten am Herzen liegen, wieder in Verbindung treten und sich erinnern, wofür Sie arbeiten. Das ist eine der schwierigsten Hürden, denn es bedeutet, dass Sie sich eingestehen müssen, in welchem Maße Sie die Menschen, die Sie lieben, bisher im Stich gelassen haben. Sie haben die Menschen, die Ihnen am meisten bedeutet haben, verletzt und vernachlässigt. Zuerst könnten Sie daher auf Widerstand stoßen, doch Sie können die Brücken wieder begehbar machen, von denen Sie meinten, Sie wären hinter Ihnen in Flammen aufgegangen.

Bevor Sie sich daranmachen, Ihre Beziehungen zu anderen Menschen wiederherzustellen, erinnern Sie sich jedoch daran, was Flugkapitäne ihren Passagieren für den Fall raten, dass sie ihre Sauerstoffmasken benutzen müssen: Bevor Sie versuchen, Ihrem Sitznachbarn zu helfen, sorgen Sie erst dafür, dass Ihre eigene Maske richtig sitzt.

Sich selbst wiederfinden

Ähnlich wie andere Suchtkranke nimmt sich auch der Workaholic nie wirklich Zeit, sich selbst zu befragen oder zu analysieren. Wie ich schon diskutiert habe, ist einer der Gründe, warum wir uns in unsere Arbeit vergraben, der Drang, uns in Luft aufzulösen, das Bedürfnis, alle Spiegel zur Wand zu drehen. Erinnern Sie sich noch, was Ihre wahren Leidenschaften waren, bevor Sie in diese Falle gerieten? War es Fußball, Lesen, Gärtnern, Skilaufen? Was immer es war, versuchen Sie, es wieder anzufangen. Erst kürzlich habe ich meine alte Schallplattensammlung wieder ausgegraben, und die ist riesig. Im Moment bin ich dabei, mich zu entscheiden, welche dieser alten Fünfundvierzigerscheiben ich auf eine CD (oder in meinem Fall CDs) brennen lassen werde. Es macht Spaß. Ich habe sogar begonnen, die Geschichte mancher der Interpreten nachzulesen, von denen diese wundervollen Aufnahmen stammen.

Denken Sie an die positiven Themen in Ihrem Leben, die Musik, die Sie lieben, oder vielleicht die Komiker, über die Sie am liebsten lachen. Denken Sie an die Tage, als Sie noch staunen konnten. Vielleicht müssen Sie bis in Ihre Kindheit zurückgehen, doch warum nicht? Machen Sie ziellose Spaziergänge. Sie werden immer irgendwo ankommen. Einer der wichtigsten Aspekte, wenn Sie wieder ein vollständiger Mensch werden wollen, ist herauszufinden, wer dieser Mensch ist. In dem Augenblick, wenn wir begreifen, wie krank wir sind, kann die Person, zu der wir geworden sind, sehr klein und traurig erscheinen. Wir haben uns durch unsere Arbeit aufgebaut, doch wenn wir entdecken, dass unsere Arbeit dabei ist, uns zu zerstören, verlieren wir diesen Teil unserer Identität. Nachdem ich begonnen hatte, meiner Krankheit zu begegnen, fühlte ich mich beim Anblick meines Wagens oder des Hauses unendlich leer. Ohne diese Statussymbole, die mein Ego und meine Identität aufpäppelten, war nicht mehr viel übrig von dieser Identität.

Das war einer der furchterregendsten Augenblicke meines Lebens. Doch von da an wurde es besser. Denn sobald ich auf die anderen Aspekte meines Lebens zurückblickte, sah ich, dass ich zwar unerhörte Verluste riskiert hatte, dass es zwar immer noch einiges gab, für das ich dankbar sein konnte: Freunde, Familie, zwei fabelhafte Kinder. Ich war erstaunt, dass irgendeiner von diesen Menschen noch etwas mit mir zu tun haben wollte. Doch nach dem extremen Selbstmitleid jener ersten Wochen sah ich wieder eine Zukunft für mich und genug Positives in meiner Vergangenheit. Ich hatte einiges Gutes vollbracht. Ich hatte mein Leben nicht verschwendet. Ich war keine Null.

Blicken Sie also zurück. Was waren Ihre schwächsten, dunkelsten Stunden? Sind Sie noch anderen, zusätzlichen Süchten verfallen? Wenn ja, konnten Sie diese inzwischen aufgeben? Wenn nicht, dann sollten Sie jetzt versuchen, ein Suchtverhalten nach dem anderen anzugehen. Vielleicht sollten Sie einen Therapeuten um Hilfe bitten. Sie werden bald erkennen, wann Sie sich als Workaholic verhalten und wann nicht. Indem Sie sich Ihres Verhaltens bewusst werden, befreien Sie sich allmählich.

Es ist an der Zeit, dass Sie mehr darüber nachdenken, wie Sie über sich selbst empfinden. In Anhang A finden Sie die «Zwölf Schritte der Anonymen Arbeitssüchtigen», die Sie jeden Tag anschauen sollten. Sie müssen sich Ihre Prioritäten und Grenzen in Erinnerung rufen. Im Laufe der Zeit werden Sie ganz neue Verhaltensweisen und Möglichkeiten entdecken. Sie werden beginnen, Ihre Zukunft in positivem Licht zu sehen. Sobald Sie beginnen, Hilfe zu akzeptieren, sowohl von denen, die Ihnen nahe stehen, als auch von außen, werden Sie zu Ihrem Optimismus zurückfinden.

Und hier kommt der Extrabonus, von dem wir Workaholics nie genug hören können: Auch unsere Arbeit wird von höherer Qualität sein. Sie werden mit der Zeit immer produktiver und wertvoller für Ihren Arbeitgeber. Das ist das Paradox, das wir erleben, wenn wir uns von unserer Sucht zu erholen beginnen. Sie sehen sich selbst in einem besseren Licht, fühlen sich gesünder und beginnen Aktivitäten, die Ihrer Ausdauer, Ihrer Konzentration und Ihrer Offenheit zugute kommen. Sie legen alte, eingefahrene Gewohnheiten ab. Es ist ein Lawineneffekt: Sie werden sich immer glücklicher und erfüllter fühlen.

Sie werden auch andere Veränderungen in Ihrem Leben ins Auge fassen. Vielleicht werden Sie Ihre spirituelle Seite erforschen. Wenn Sie an eine höhere Instanz glauben, sei es für Sie Gott, Allah, die Sonne oder was auch immer, wird Ihnen das helfen, mit Ihrer Krankheit fertig zu werden. Sie werden erkennen, dass Sie ohne Hilfe machtlos sind gegen Ihre Arbeitssucht, und Ihr Glaube wird Ihnen eine wertvolle Stütze sein.

Sobald Sie sich auf diese Weise öffnen, werden Sie auch ein Gefühl der Demut empfinden. Sie kennen das «High», das wir spüren, wenn wir in unserer Arbeit alles unter

Kontrolle haben. Diese Kontrolle ist jedoch weitgehend ein Mythos, zumindest an den meisten Arbeitsplätzen. Wenn Sie machthungrig sind und sich getrieben fühlen, alles um sich herum zu kontrollieren, ist jetzt der Zeitpunkt gekommen, Abstand zu nehmen und sich klar zu machen, dass die Macht, die Sie empfunden haben, die Macht der Tyrannei war, der Sie sich und die Menschen in Ihrer Umgebung unterworfen haben. Nun müssen Sie einen Ersatz finden für dieses Machtgefühl, positive Dinge, die Sie in Ihrem Leben tun können und die Ihnen dieselbe Art von Befriedigung verschaffen. Es wird nicht leicht sein, und es wird nicht sofort passieren, doch wenn Sie sich nicht wieder aufbauen, laufen Sie Gefahr, in Ihr machthungriges Verhalten zurückzufallen.

Ich bin heute körperlich aktiver, als ich es lange Zeit war, und je besser ich mich fühle, je besser ich aussehe, desto besser empfinde ich über mich selbst. Hüten Sie sich jedoch davor, Ihre sportlichen Aktivitäten wieder zu einem Wettbewerb gegen sich selbst und andere werden zu lassen. Erfreuen Sie sich einfach der Freiheit und Gesundheit, die Sic dadurch gewinnen. Erfreuen Sie sich des Gefühls, wieder ein «ganzer» Mensch zu sein.

Den Partner wiederfinden

Wer sich für längere Zeit in seiner Arbeit verkrochen hat, lässt seine Partnerin oder seinen Partner im Stich. Sie (oder er) hat vielleicht gelernt, mit Ihrer Unsichtbarkeit fertig zu werden, doch gewöhnlich fühlt sich der Partner einsam, verlassen und nicht mehr als Teil eines «Paares».

Als Erstes müssen Sie sich eingestehen, dass Sie tatsächlich nicht da waren, als Sie der sprichwörtliche «unsichtbare Mann» waren. Das ist sehr schwer. Die Versuchung ist groß, sein Verhalten zu rechtfertigen oder zu beschönigen. Es ist sehr schwer, zu sagen: «Es tut mir Leid, ich war nicht für dich da. Ich habe zugelassen, dass meine Arbeit mir wichtiger wurde als du. Kannst du mir verzeihen? Du hast einen gleichwertigen Partner gebraucht und verdient, und ich habe einfach zugesehen, wie du all die Schwerarbeit geleistet hast. Es tut mir Leid.»

Nichts davon wird für die Partnerin eine welterschütternde Neuigkeit sein. Wahrscheinlich haben Sie schon seit längerem darüber gesprochen, oder wenigstens hat Ihre Partnerin Sie des Öfteren darauf hingewiesen, dass Sie nicht da waren, wenn sie Ihre Hilfe brauchte. Neu ist jedoch, dass Sie es zugeben, sich für Ihr Verhalten entschuldigen und um Hilfe bitten. «Ich möchte dir ein besserer Partner sein, aber ich sitze in der Klemme und brauche deine Hilfe, um mich zu ändern.» Männer sind notorisch schlecht darin, um Hilfe zu bitten. Wir wissen, wie schwer es uns fällt, nach dem Weg zu fragen, wenn wir uns verfahren haben. Ich weiß nicht, warum es so ist, aber es fällt uns schwer zuzugeben, dass wir nicht mit allem allein klarkommen. Das müssen wir jedoch, zum einen, weil wir Hilfe brauchen, und zum anderen, weil unsere Partner wissen möchten, dass wir sie wirklich brauchen.

Werden Sie auf Widerstand stoßen? Wahrscheinlich. Ihre Partnerin wird nicht wissen, wie sie reagieren soll. Für zu lange Zeit war sie auf sich allein gestellt. Vergessen Sie nicht, sie hat Ihre «Karriere», Ihren Job und Ihre Arbeit dafür verantwortlich gemacht, dass Sie verschwunden sind und kein Interesse gezeigt haben. Der Rabbi und Eheberater M. Gary Neuman, Autor des Buches *Helping Your Kids Cope with Divorce the Sandcastles Way,** spricht von unserer Tendenz, am Arbeitsplatz mehr Vertraulichkeiten auszutauschen als zu Hause. Senden Sie zum Beispiel die lustigen E-Mails, die Sie bekommen, an Ihre Kollegen weiter, nicht aber an Ihre Frau? Fällt es Ihnen leicht, sich mit Kollegen um die Kaffeemaschine zu versammeln und zu plaudern, während Sie zu Hause mit Ihrer Frau kaum ein Wort wechseln, da Sie nach der Arbeit Ihre kostbare Ruhe brauchen? Wenn Sie für Ihre Kollegen mehr Gefühle aufzubringen scheinen als für Ihre Partnerin, dann muss sie sich einfach von Ihnen hintergangen fühlen, wenn auch nicht mit einer anderen Frau, sondern mit Ihrer Arbeit. Sie ist tief verletzt und wird einige Zeit brauchen, um sich davon zu erholen.

Ich hatte großes Glück, Wendy als Partnerin zu haben. Als meine Frau und Geschäftspartnerin steht sie nach wie vor mit beiden Beinen fest auf dem Boden. Ich neige eher zur Träumerei und sie ist die Praktischere von uns beiden. Ihre pragmatische Führung half uns durch eine schwere Zeit. Ich fand es sehr schwer, mich ihr zu öffnen und sie anzusprechen und das Gespräch in Gang zu halten. Sie wusste, wie schwer es mir fiel zuzugeben, dass ich ihre Hilfe brauchte, und sie schlug mir nicht die Tür vor der Nase zu, obwohl ich ihr dafür keinen Vorwurf gemacht hätte.

Sie müssen begreifen, dass Sie diesen notwendigen Wandel vielleicht nicht allein schaffen können. In meinem Fall war meine Frau die letzte Rettung. Wir redeten, bis

* «Die Sandburgmethode: So helfen Sie Ihren Kindern, mit Ihrer Scheidung fertig zu werden».

wir das Gefühl hatten, auf dem Weg zu einem gesünderen Arbeits- und Familienleben zu sein. Vielleicht benötigen Sie Partnerschaftstherapie oder Eheberatung, wenn Sie es nicht unter sich durchsprechen können. Ein qualifizierter Berater kann Ihnen beiden behilflich sein, sich gegenseitig Ihre Gefühle einzugestehen, und Ihnen eine sichere Umgebung bieten, wo Sie sich über die Bitterkeit aussprechen können, die sich in Ihnen beiden aufgebaut haben mag. Ein guter Berater kann zunächst getrennt und dann gemeinsam mit Ihnen reden und Ihnen helfen, Brücken zu bauen, bis Sie sich sicher genug fühlen, den Rest des Weges allein zu gehen. Oft ist es leichter, sich einem Fremden zu öffnen als dem eigenen Partner. Ein unvoreingenommener, neutraler Berater kann Ihnen helfen, Ihre Vorurteile und falschen Annahmen zu erkennen. Ich kenne viele Paare, deren Partnerschaft von solchen Beratern gerettet wurde. Haben Sie keine Scheu, diese Hilfe in Anspruch zu nehmen, falls Sie sie benötigen.

Was Ihrer Partnerin gefehlt hat, war Ihre Zeit und Ihre Aufmerksamkeit. Als Erstes sollten Sie deshalb die Zeit finden, etwas zusammen zu unternehmen. Ihr Ziel ist natürlich zunächst, von Ihrem Arbeitsplatz wegzukommen. Sie sollten aber auch versuchen, mit Ihrer Partnerin aus dem Haus zu kommen. Ihr Zuhause ist schließlich einer der Orte, dem Sie irgendwann entflohen sind.

Denken Sie an die Zeit zurück, als Sie Ihrer Partnerin den Hof gemacht haben. Damals war es alles andere als selbstverständlich, dass sie nur für Sie da war. Sie tüftelten Strategien und Pläne aus, um sie zu gewinnen. Sie führten sie zu den richtigen Filmen und Konzerten aus, planten romantische Spaziergänge und brachten sie mit den richtigen Freunden zusammen. Jetzt ist der Zeitpunkt, wo Sie sich wieder auf Freiersfüße begeben sollten. Gehen Sie mit Ihrer Frau ins Kino, unternehmen Sie lange Autofahrten, fahren Sie ans Meer, besuchen Sie Nachbarn, Verwandte und alte Freunde. Wenn Sie Kinder haben, denken Sie daran, dass es auch Arbeit ist, einen Babysitter zu organisieren. Warum nehmen Sie nicht den Telefonhörer in die Hand und übernehmen das? (Wenn Sie nicht einmal wissen, wo die Liste der Babysitter zu finden ist, finden Sie es heraus, und nehmen Sie sich vor, einen Babysitter zu engagieren, sooft Sie können. Vielleicht versuchen Sie, einen Babysitter fest zu buchen, etwa für alle zwei Wochen.) Übernehmen Sie es, Ihre gemeinsamen Zeiten weg von den Zwängen der Arbeit und des Haushalts zu planen. Wenn Sie nicht von zu Hause wegkommen können, schalten Sie alle Telefone und Computer ab. Gönnen Sie sich einen ungestörten Abend. Sie brauchen keinen Haufen Geld auszugeben, um einen phantastischen Abend zusammen zu verbringen. Ein Video und ein Essen daheim (warum kochen Sie nicht zur Abwechslung?) können ein großer Genuss sein.

Es mag Ihnen zu einfach klingen, doch dies sind die simplen Anfänge, wenn Sie die Beziehung zu Ihrer Partnerin wieder zum Leben erwecken wollen.

Vielleicht erscheinen Ihnen meine Vorschläge auch zu kitschig und selbstbewusst oder zu gezwungen und unromantisch. Vergessen Sie jedoch nicht, dass solche Tage und Abende zusammen schlicht nicht geschehen werden, wenn Sie sie nicht planen. Spontaneität ist nicht alles. Ihre Partnerin wird nur dann wieder eine hohe Priorität für Sie erlangen, wenn Sie dafür planen.

Und seien Sie wirklich da, wenn Sie mit Ihrer Partnerin zusammen sind. Seien Sie aufmerksam. Wenn Sie sich dabei ertappen, mitten in einem Rendezvous mit Ihrer Frau oder Ihrem Partner über die Arbeit nachzudenken, raufen Sie sich nicht die Haare. Schieben Sie diese Gedanken einfach beiseite und konzentrieren Sie sich wieder auf das Wesentliche. Wahrscheinlich werden Sie nicht immer den Luxus genießen, so viel Zeit, wie Sie wollen, Ihrem Partner vorbehalten zu können. Die Realitäten der Arbeitswelt werden das nicht immer zulassen. Ihr Ziel ist, in der Zeit, die Sie mit Ihrem Partner verbringen können, sowohl emotional als auch körperlich wirklich da zu sein.

Ebenso wie Sie hat auch Ihre Partnerin ihre eingefahrenen Verhaltensmuster, das dürfen Sie nicht vergessen. Sie möchte, dass Sie Heilung finden, doch letztlich ist es Ihre Schlacht, die Sie hier schlagen. Wir müssen aufpassen, dass Sie mit Ihrer Frau oder der Familie oder Ihren Freunden nicht die Geduld verlieren, wenn sie nicht gleich verstehen, was mit dem unermüdlichen Schaffer, der Sie einmal waren, geschehen ist. Es ist schwer, wenn sich jemand vor ihren Augen verändert, und manchmal ist dieser Wandel am schwersten für die Menschen, die Ihnen am nächsten stehen. Ihre Partnerin mag viel Zeit darin investiert haben, sich eine andere Welt von Freunden und Hilfsnetzen aufzubauen, und Sie passen vielleicht nicht in diese Welt. Ihr Ziel ist, mehr eins zu werden mit Ihrer Partnerin und zugleich ihre anderen Interessen und Freunde zu respektieren.

Natürlich ist es im besten Interesse derer, die Ihnen nahe sind, Ihre neuen Entscheidungen zu unterstützen, und am Ende werden sie diese Entscheidungen begrüßen. Vergessen Sie jedoch nie, dass Ihre Partnerin viele schwere Stunden ohne Sie durchlitten hat. Sie hat die Trümmer hinter Ihnen weggeräumt, hat sich für Sie entschuldigt und hat ein emotional leeres Leben hinter sich. Geben Sie ihr Zeit, sich umzustellen. Auch Sie werden Ihre Zeit brauchen.

Die Beziehung zu Ihren Kindern

Eine der größten Änderungen, die ich vollzogen habe, ist in der Beziehung zu meinen Kindern. Ich habe begonnen, sie als Personen kennen zu lernen, nicht nur als Objekte, für die ich zu sorgen hatte. Das bedurfte einiger Anstrengung, da Michael und Ross mich als Vater, der für sie da ist, längst abgeschrieben hatten. Wenn sie etwas brauchten, gingen sie zu ihrer Mutter, zum Teil, weil sie wussten, dass sie immer da war, aber auch, weil ich es so klar gemacht hatte: Ich war ein wichtiger Mann mit wichtiger Arbeit und sie hatten zuweilen geradezu Angst, mich zu stören und etwas von meiner Zeit zu beanspruchen. Ich wusste nicht, wer ihre Lehrer waren. Manchmal wusste ich nicht einmal, in welche Klasse sie gingen. Und ich bin sicher, dass ich nicht die Namen aller ihrer Freunde kannte. Die Geburtstags- und Weihnachtseinkäufe für sie, das Planen von Partys und Treffen mit anderen Kindern, all das überließ ich Wendy. Als ich mir Rechenschaft ablegte, was ich eigentlich über sie wusste – nicht nur über die Einzelheiten ihres alltäglichen Lebens, sondern auch über ihre Hoffnungen und Träume –, schämte ich mich, wie viel mir entgangen war.

Schritt für Schritt haben wir unsere Beziehung nun wieder aufgebaut. Eine der besten Methoden, sich wieder ins Leben seiner Kinder einzubringen, ist, an ihren Aktivitäten und Interessen teilzuhaben. Ross ist der zukünftige Meteorologe. Michael ist ein Rockmusikfan und Erfinder von Videospielen. Ross und Mike haben einen Höllenspaß mit diesen Spielen, und manchmal mache ich mit, obwohl ich wahrscheinlich keinen der beiden je schlagen werde. Ross spielt zudem die Oboe im städtischen Jugendsymphonieorchester. Ich gehe zu allen seinen Konzerten und versuche, bei möglichst vielen Proben dabei zu sein. Ich bin unglaublich stolz darauf, was er geschafft hat. Und der große Unterschied zwischen heute und den Schulkonzerten in all den Jahren ist, dass ich nicht mehr ständig auf dem Sprung bin, zu verschwinden, dass ich nicht mehr ununterbrochen auf die Uhr schaue und ungeduldig auf meinem Stuhl herumrutsche. Und gewiss fahren Wendy und ich nicht mehr in getrennten Wagen, damit ich zehn Minuten früher zu Hause sein kann!

Michael und ich spielen gern Karten, reden über Politik und schauen uns Filme an. Er ist intelligent und hat seinen eigenen Kopf, ein Bilderstürmer, der das Abenteuer, die Herausforderung und neue Ideen liebt. Sein Lebensweg wird vollkommen anders aussehen als meiner. Für ihn wird bestimmt nicht alles so geradlinig verlaufen wie einst für mich. Ich bin gespannt zu beobachten, wo die Zeit und sein Talent ihn hinführen werden.

Eine der größten Herausforderungen war für mich, zu lernen, meinen Kindern zuzuhören, wirklich zuzuhören. Mir wurde klar, dass ich meine Erwartungen am Arbeitsplatz unbewusst nach Hause importiert hatte. Ich ging mit

Maßstäben an die Kindererziehung heran, die im Büro vielleicht sinnvoll waren, aber gewiss nicht zu Hause. Ich musste lernen, dass meine Jungen oft gar nicht wollten, dass ich gleich vorpreschte und ihre Probleme für sie löste, wenn sie damit zu mir kamen. Sie wollten nur einen verständnisvollen Zuhörer und etwas Bestätigung. Ich musste lernen, dass meine Kinder ihre eigenen Denk- und Arbeitsrhythmen haben, und mich in diese einstimmen, anstatt ihnen meinen eigenen Rhythmus aufzuzwingen. Sie bringen mir täglich zu Bewusstsein, wie wertvoll Geduld ist. Für den Fall, dass auch Sie auf diesem Gebiet etwas zu lernen haben, empfehle ich in Anhang B einige hilfreiche Elternbücher.

Eine der schmerzlichsten Offenbarungen, die mir meine Söhne gemacht haben, war, dass sie die vielen Dinge, die ich ihnen gekauft habe und für die ich mich die ganze Zeit abgerackert hatte, gar nicht gewollt haben. Wie sich herausstellte, fanden sie jedes Zeichen von Überfluss geradezu peinlich. Michael kaufte ich zu seinem sechzehnten Geburtstag einen BMW (doch dann bereute ich es wenigstens und machte nicht noch einmal einen solchen Fehler, als Ross dieses Alter erreichte). Später fand ich heraus, dass sie es hassten, wenn ich sie in meinem funkelnagelneuen Mercedes überallhin fuhr. Sie bettelten mich an, sie an der Hintertür oder an der Einfahrt abzusetzen, wenn sie einen Freund besuchten, damit der nicht sehen konnte, was für ein Angeber ihr Vater war. Ich hatte Tag und Nacht geschuftet, um unser wundervolles Haus kaufen zu können, und dann stellte sich heraus, dass die Jungen sich manchmal scheuten, Freunde mitzubringen, weil sie sich schämten über diesen offen ausgestellten Wohlstand. So wenig wusste ich über sie.

Ross fasste es schließlich in folgende Worte: «Du brauchst nicht alles nachzumachen, was Großvater getan hat. Wir wollen nicht, dass du das tust.» Meine Familie hat mir schließlich vergeben, dass ich mich in dieselbe Falle manövriert hatte, in die mein Vater sich gearbeitet hatte, dass ich, wie er, zum unsichtbaren Mann geworden war, und ihre Liebe war es, die mir ermöglichte, wieder ein freier Mann zu werden.

Als Vater zweier Söhne fühle ich mich nicht qualifiziert, über die anderen Erfordernisse zu reden, welche die Vater-Tochter-Beziehung mit sich bringt. Umso mehr freute ich mich deshalb, als ich auf eine Organisation namens *Dads and Daughters* (DADs) stieß. Der Geschäftsführer ist Joe Kelly, der Mann, der die Zeitschrift *Moon*, ein Magazin von und für Mädchen, entwickelt und herausgegeben hat. DADs Kredo lautet: «Seid ehrlich zu euren Töchtern, damit sie zu sich selbst ehrlich sein können.» (Mehr Informationen finden Sie auf der Website *www.dadsanddaughters.org*.) DADs hat einen Fragebogen herausgebracht, mit dessen Hilfe Väter messen können, inwieweit sie am Leben ihrer Töchter teilhaben. Wenn Sie eine Tochter haben, unterziehen Sie sich folgendem Test:

Ein wie guter Vater bin ich meiner Tochter?

Um ein Gefühl dafür zu bekommen, in welchen Aspekten Ihre Beziehung zu Ihrer Tochter verbesserungsfähig ist, beantworten Sie die folgenden Fragen so ehrlich wie möglich entweder mit «oft», «manchmal» oder «kaum jemals».

	oft	manch-mal	kaum jemals
1. Ich kenne die Namen ihrer drei besten Freunde.	1	2	3
2. Ich bringe meine Tochter zur Schule.	1	2	3
3. Ich helfe ihr bei ihren Aktivitäten außerhalb der Schule.	1	2	3
4. Ich kenne die Ziele meiner Tochter.	1	2	3
5. Ich mache Bemerkungen über das Gewicht meiner Frau oder Partnerin.	3	2	1
6. Ich betätige mich sportlich mit meiner Tochter (z. B. Jogging).	1	2	3
7. Ich koche für meine Familie.	1	2	3
8. Ich gehe während des Schultags in die Schule meiner Tochter.	1	2	3
9. Ich nehme meine Tochter mit zur Arbeit.	1	2	3
10. Ich rede mit meiner Tochter darüber, wie man mit Geld umgeht.	1	2	3
11. Ich verbringe eine halbe Stunde nur mit meiner Tochter, und wir tun etwas, das uns beiden Spaß macht.	1	2	3
12. Ich rede mit anderen Vätern über das Großziehen von Kindern.	1	2	3
13. Ich rede mit anderen Vätern über das Großziehen von Töchtern.	1	2	3
14. Ich verbiete ihr Aktivitäten, um sie zu beschützen.	3	2	1
15. Ich rede mit meiner Tochter über Reklame.	1	2	3
16. Ich sage meiner Tochter, was ihre Stärken sind.	1	2	3

	oft	manch-mal	kaum jemals
17. Ich mache Bemerkungen über das Gewicht meiner Tochter.	3	2	1
18. Ich weiß, an welchen Schulprojekten sie teilnimmt.	1	2	3
19. Ich ärgere mich über die negative Darstellung von Mädchen in den Medien.	1	2	3
20. Ich schaue mir pornografische Filme oder Bilder an.	3	2	1
21. Ich nehme an Veranstaltungen von Elternorganisationen teil.	1	2	3
22. Ich schreie die Mutter meiner Tochter an.	3	2	1
23. Ich schlage meiner Tochter vor, eine Diät einzuhalten.	3	2	1
24. Ich spreche dagegen, wenn andere sagen, sie solle eine Diät versuchen.	1	2	3
25. Ich unterhalte mich mit meiner Tochter, doch sie übernimmt meistens das Reden.	1	2	3
26. Ich weiß, worüber sich meine Tochter heute Sorgen macht.	1	2	3
27. Ich weiß, wie viele Schülervertreter in ihrer Schule Mädchen sind.	1	2	3
28. Ich habe die Schulregeln in Bezug auf sexuelle Belästigung gelesen.	1	2	3
29. Ich versuche, Jungen beizubringen, Mädchen zu respektieren.	1	2	3
30. Ich erzähle meiner Tochter Geschichten aus meiner Jugend.	1	2	3

Gesamtpunktzahl: ____

30–35: Das Verhältnis zu Ihrer Tochter scheint sehr solide zu sein.
36–45: Die Grundlagen scheinen bei Ihnen da zu sein, doch es sind noch Verbesserungen möglich.
46–60: Sie sollten wahrscheinlich Schritte unternehmen, Ihre Einstellung zu überprüfen, und Wege finden, einen tieferen gegenseitigen Respekt zwischen Ihnen und Ihrer Tochter aufzubauen.
61–90: Es wird Zeit, dass Sie grundlegende Änderungen ins Auge fassen. Ihre Handlungen und Einstellungen könnten Ihrer Tochter schaden.

Ein wie guter Vater bin ich in den Augen meiner Tochter?
Als Nächstes geben Sie Ihrer Tochter den gleichen Fragebogen und bitten sie, ihn danach auszufüllen, wie sie Ihr Verhalten sieht. Und dann tauschen Sie Ihre Fragebögen und diskutieren die Antworten, die Sie jeweils gegeben haben. Dabei werden Sie auf erstaunliche Ergebnisse stoßen.

Wie wir unsere Kinder vor Arbeitssucht schützen können

Indem wir unsere Söhne und Töchter kennen lernen, geben wir uns selbst die Möglichkeit, ihnen mit gutem Beispiel voranzugehen und ihnen die Werte zu vermitteln, die sie vor den Fehlern bewahren können, die wir gemacht haben. Es kann damit beginnen, ihnen beizubringen, dass es noch andere Dinge im Leben gibt als gute Noten, zum Mannschaftskapitän ernannt zu werden oder im Schulorchester die erste Geige zu spielen. Die Erwartungen, mit denen wir unsere Kinder befrachten, können erheblich sein. Ich fürchte sogar, wir sind dabei, eine neue Generation von Arbeitssüchtigen heranzuziehen.

Wir klagen alle darüber, wie viele Hausaufgaben unsere Kinder aufbekommen. In Schulbehörden gibt es hitzige Diskussionen darüber, ob mehr Hausaufgaben automatisch größeren Lernerfolg bedeuten. Erzählen Sie anderen Eltern, Ihr Kind sitze täglich zwanzig Minuten über den Hausaufgaben, und Sie werden hören, dass es für deren Kind mindestens eine Stunde ist oder zwei. Damit zu prahlen, wie hart ein Kind arbeitet, ist zu einem grässlichen Wettbewerb geworden.

«Mindestens drei Stunden am Tag, manchmal fünf oder sechs. Ich nehme an, das muss sein, wenn er einen Studienplatz an der richtigen Uni erlangen will.»

Dennoch kommen solche Aussagen in einem fast stolzen Ton, als wären unsere Kinder unser Spiegelbild, also extrem tugendhaft, weil sie bis spät am Abend über ihren Hausaufgaben sitzen. Jeden Abend.

Es ist so leicht, in diese Falle zu tappen. Versuchen Sie sich zu sagen, es sei Ihnen gleich, wie Ihre Kinder in der Schule abschneiden, es komme Ihnen nur darauf an, dass sie glücklich sind – und dann fühlen Sie sich Ihren emotionalen Puls, wenn ein anderer Vater Ihnen erzählt, sein Sohn habe lauter Einsen auf dem Zeugnis, sei in eine Hochbegabtengruppe aufgenommen worden, habe den Jahrgangstest als Bester bestanden oder habe ein Harvard-

Stipendium gewonnen. Waren Sie wirklich glücklich für diesen Vater, oder hat es Sie etwas gewurmt? Überprüfen Sie Ihre Reaktion, und seien Sie ehrlich. Beobachten Sie sich selbst, ob Sie den Kindern die Werte vermitteln, die Sie ihnen wirklich mit auf den Weg geben möchten. Wenn Sie Ihre Kinder anhalten, Gemeinschaftssinn, Liebenswürdigkeit und liebevolle Beziehungen über alles zu schätzen, und ihnen gleichzeitig Nachhilfestunden verschreiben, sie für Noten bestrafen, die nicht gut genug sind, und in den meisten Gesprächen immer nur von Leistung reden, dann senden Sie Signale aus, die Ihr Kind in die Arbeitssucht treiben können.

Wir müssen unseren Kindern vorführen, dass wir unser Leben nach unseren eigenen Werten leben, wenn wir diese Werte an sie weitergeben wollen. Wenn die Familie für Sie an erster Stelle steht und Sie das in Wort und Tat deutlich machen, ist dies ein wirkungsvolles Signal.

Meine Beziehung zu Wendy wird täglich besser. Sie ist für mich eine echte Lebenspartnerin. Wir lieben uns und können alles teilen. Ich habe das Gefühl, ich lebe heute mehr innerhalb als außerhalb meines Selbst. Ich gehöre wieder zu einer Familie, an deren alltäglichem Leben ich wirklich teilhabe. Ich weiß genau, was alle gerade tun, wer beim Fußball ist und wer ein Konzert vor sich hat. Und das Beste ist, dass ich in solchen Kleinigkeiten mein wirkliches Leben finde. Es sind die alltäglichen Dinge. Die sind am wichtigsten.

Seine Freunde wiederfinden

Es war eine echte Prüfung für mich. Wie stelle ich meine Beziehungen zu alten Freunden wieder her, und wie finde ich neue? Wenn Männer sich nach langer Zeit zum ersten Mal wieder treffen, reden sie gewöhnlich zuerst über die Arbeit. Die ersten Worte sind: «Wie geht's mit der Arbeit? Hat die Beförderung geklappt? Arbeitest du immer noch unter deinem alten Chef, und ist er immer noch derselbe Trottel?», und so weiter und so fort. Es scheint die beliebteste Art zu sein, irgendein Gespräch zu beginnen.

Vor zwei Wochen habe ich mich mit einem Mann getroffen, mit dem ich vor einiger Zeit sehr eng befreundet war. Wir redeten nicht über seine Arztpraxis oder über meine Autoren- und Talentagentur. Wir sprachen über unsere Töchter und meine Söhne. Wir redeten über Musik und über Filme. Allem, was mit Arbeit zu tun hat, ging ich in jeder Minute unseres Gesprächs bewusst aus dem Weg, und unser Treffen war ein voller Erfolg. Ich war erleichtert, dass ich nicht über meine Arbeit reden musste – denn dadurch gerät man leicht wieder in den Strudel, dem man entkommen will –, und es war ein schönes Gefühl, wieder «auf dem Laufenden» zu sein, was die Dinge anging, die meinem Freund und mir am wichtigsten waren.

Noch etwas anderes hat mir sehr geholfen: Ich bin einer Männergruppe beigetreten. Die Einladung kam zunächst von jemandem, mit dem ich vor zehn Jahren zusammengearbeitet habe. Ich lehnte dankend ab. «Welch eine Zeitverschwendung», dachte ich damals. «Die Burschen sitzen bestimmt nur zusammen und lästern über ihre Arbeit oder ihre Frauen.» Ich wusste nicht, was von beidem ich schlimmer fand, aber ich wusste, dass es nichts für mich war. Das war natürlich ein großer Irrtum.

Manche dieser «Männergruppen» formieren sich in Treffen der Anonymen Alkoholiker, andere in Gruppentherapien, und wieder andere sind einfach Leute, die sich über ihre Kirche oder Familienkontakte kennen. Meine Gruppe besteht aus zirka zehn Männern ungefähr meines Alters und aus der gleichen Gesellschaftsschicht, und alle sind verheiratet. Wir haben also viele gemeinsame Erfahrungen und es herrscht ein wirklich brüderliches Gefühl in der Gruppe. Es gibt mehr Ähnlichkeiten als Unterschiede zwischen uns – was man über fast jede beliebige Gruppe auf der Welt sagen könnte –, doch für Workaholics, die sich stets als «anders» und als «einsamer Wolf» gesehen haben, ist es ein ganz neues Gefühl.

Ich freue mich auf jedes Treffen mit diesen Männern. Natürlich, es geht in der Gruppe auch um gegenseitige Hilfe, doch daneben sind wir einfach Freunde. Wir lachen viel und erzählen uns die tollsten Geschichten. Manche reden über ihre Arbeit (was wir allerdings auf ein Minimum beschränken, es sei denn, einer von uns braucht Trost oder Rat bei einem bestimmten Problem), und im Augenblick planen wir Ausflüge, die wir als Gruppe unternehmen können, und Dinge, die jeder einzeln mit seiner Frau tun könnte. Das Beste ist, wir sind alle «erfolgreich» und blicken dennoch auf verschiedene Lebensgeschichten zurück. Es sind gemeinsame Erfahrungen, die uns zusammengebracht haben, und doch finde ich es immer wieder faszinierend, auf welch ähnliche Weise andere in der Gruppe in die gleiche Situation geraten sind wie ich.

Nicht jeder ist ein «Gruppentyp», doch das macht nichts.

Sie können auch alte Freundschaften erkunden, von Angesicht zu Angesicht. Und bevor Sie sich auf das Versprechen zurückziehen, das wir alle vielleicht zehn Millionen Mal gegeben und kein einziges Mal eingehalten haben – «wir sollten uns irgendwann nach der Arbeit oder an einem Wochenende treffen» –, machen Sie sich bewusst, dass dieses «sich treffen» tatsächlich möglich ist. Es bedarf keines Wunders, und es muss keinen ganzen Abend oder ein ganzes Wochenende einnehmen. Mit Sicherheit hilft es aber, seine eigenen Gedanken hinter sich zu lassen, wenn Sie sich mit jemand anderes Denken befassen. Es ist eine Bereicherung, es macht Spaß, es ist interessant und es macht Sie zu einer humaneren, vielschichtigeren Persönlichkeit. Es macht Sie zu dem Menschen, der Sie wirklich sind.

Die Beziehung zu Ihrer Gemeinschaft

Ein sicherer Weg, Ihre Gedanken von sich selbst und Ihrem Job zu lösen, ist die freiwillige Arbeit in einer Kirche, einem Tempel, einem Krankenhaus, einer Schule, einem Asyl oder irgendeiner anderen Einrichtung, die Ihre Hilfe mit Herz und Hand gebrauchen könnte. Verabschieden Sie sich von dem Denken, dass ein Einzelner nichts ausrichten kann und solche Betätigungen reine Zeitverschwendung sind.

Seit einiger Zeit arbeite ich als Freiwilliger in einem örtlichen Krankenhaus. Ich verteile Zeitschriften und Bücher unter den Patienten und den Leuten im Wartezimmer. Ich schaue bei Patienten herein und frage sie, ob sie etwas brauchen. Nichts davon qualifiziert mich für eine Albert-

Schweitzer-Medaille für humanitäre Leistungen, aber ich fühle mich gut dabei. Ich leiste einen bescheidenen Beitrag und empfinde positiver über mich selbst und die Gesellschaft, in der ich lebe. Ich melde mich auch freiwillig als Redner auf Verleger- und Schriftstellerkonferenzen. Das ist geistig anregend und erinnert mich an die Gründe, weshalb ich ursprünglich in die Buchindustrie gegangen bin.

Versuchen Sie, Ihre Freunde und Familie zu überreden, an Ihren freiwilligen Tätigkeiten teilzunehmen. Das verschafft Ihnen eine andere Art «High» – eine gesündere Art. Es dreht sich alles darum, dass Sie sich anderen zuwenden.

Zahlreiche wissenschaftliche Studien haben gezeigt, dass gesellschaftliche Aktivität einen wirksamen Schutzschild darstellen kann. Männer, die sich in ihrer Familie, mit Freunden oder in der Gemeinschaft involvieren, erleiden weniger Herzanfälle und haben eine höhere Lebensqualität. Der Gesundheitseffekt ist ein hübscher Bonus, doch vor allem tun Sie es, weil es mehr Freude in Ihr Leben bringt, als Sie sich vorstellen können.

Freiheit und Tyrannei

Seien Sie sicher, irgendwann werden Sie in Versuchung geraten, in Ihre alten Gewohnheiten zurückzufallen. Manch einer wird es von Ihnen erwarten, nach dem Motto: «Jetzt hat er diese Grippe hinter sich und kann sich wieder richtig in die Arbeit stürzen.» Damit sollten Sie rechnen. Sie sollten sogar dafür vorausplanen.

Ich glaube (und es gibt schlagkräftige Beweise, die mich in diesem Glauben unterstützen), die Qualität meiner Arbeit ist wesentlich gestiegen. Es passiert nur noch selten, dass ich meine alte, hektische Arbeitsweise an den Tag lege, von einer Katastrophe zur anderen eile und das Gefühl habe, mich verteidigen zu müssen, weil ich etwas nicht ganz geschafft habe. Ich betrachte diese Fortschritte und fühle mich gut dabei. Ich bin nicht mehr so angespannt, wütend oder deprimiert wie früher. Mir ist auch aufgefallen, dass mir heute alles einfacher erscheint. Ich fühle mich nicht mehr wie ein Sisyphus, der jeden Tag von neuem einen Felsbrocken einen Berg hinaufzubugsieren hat. Und meine Familie und meine Freunde und Kollegen ermutigen mich dabei. Das ist ein großartiges, befreiendes Gefühl. Konzentrieren Sie sich also auf Ihre Fortschritte, nicht auf die Rückschläge. Bleiben Sie positiv.

Als ich noch tief in meiner Arbeitssucht steckte, pflegte ich ausführliche Listen zu führen, was ich alles zu tun hatte. Diese Listen waren wirklich zum Lachen. Ich hielt darin alles fest, was ich in einem ganzen Monat zu schaffen hatte. Wenn ich sie anschaute, bekam ich die Panik. So viel zu tun (mehr als andere Leute sich für ein ganzes Jahr vornehmen), woher sollte ich nur die Zeit nehmen? Heute führe ich immer noch solche Listen, doch ich halte sie sehr einfach. Und ich achte darauf, dass sie nie mehr als einen Tag abdecken. Ich versuche auch dafür zu sorgen, dass die Dinge ganz oben auf der Liste nichts mit meiner Arbeit zu tun haben. Sie dienen mir als Erinnerung, dass ich während des Tages meine Frau anrufe, um ein wenig zu plaudern, oder dass ich am Mittwoch mit meinen Söhnen ins Kino gehe. Am wichtigsten ist jedoch, dass ich mich auf das Jetzt konzentriere und nicht zulasse, dass die Arbeit meinen natürlichen Tagesrhythmus beherrscht.

Gewiss wird Sie irgendwann irgendjemand zu Ihren alten Verhaltensmustern «zurückbeordern» wollen. Es wird immer einen «besonderen Auftrag» geben, oder Sie müssen für einen kranken Kollegen einspringen. Reagieren Sie auf solche Situationen nicht, indem Sie sich wie ein Besessener in die Arbeit stürzen, sondern mit Flexibilität.

Verfallen Sie nicht der Tyrannei der Freiheit. Wenn wir uns «frei» fühlen, ohne Last oder mit freier Zeit, sollten wir – besonders als Workaholics in Genesung – uns nicht von dieser Freiheit tyrannisieren lassen. Genießen Sie die Perioden, wenn Sie nichts oder nicht viel zu tun haben. Versuchen Sie nicht, sie mit Aktivitäten zu füllen. Erinnern Sie sich, dass Freiheit und Tyrannei unvereinbar sind. Denken Sie an Ihre neu entdeckten Prioritäten und genießen Sie die Freiheit, die Sie darin gefunden haben. Wie hat die Autorin Dr. Anne Wilson Schaef so weise geschrieben: «Das Leben ist ein Prozess. Es ist im Fluss. Es ist Wandel.»

Auf die Gefahr hin, dass ich wie ein puritanischer Tugendbold klinge, muss ich Sie nun warnen, dass auch andere Formen des Entkommens eine Versuchung darstellen. Während er sich aus den Klauen der Arbeitssucht zu befreien versucht, sucht mancher von uns vielleicht «Hilfe» in Drogen, Alkohol oder Sex, obwohl die Gefahren offensichtlich sind. Müssen wir zu Jesuiten werden, wenn wir gesund leben wollen? Natürlich nicht. Wenn Sie sich jedoch dabei ertappen, dass Sie jeden Abend zwei oder drei Drinks brauchen, um den Druck zu lindern, den die zusätzlichen Stunden zu Hause für Sie darstellen, dann sind Sie in Ihrer Heilung vielleicht noch nicht so weit, wie Sie denken mögen.

Es ist ein langer, langer Weg. Wenn Sie das nicht vergessen, werden Sie es einfacher haben. So wie die Erkenntnis, dass Sie krank sind, der erste Schritt zur Besserung ist, so kann Ihnen das Bewusstsein, dass die Heilung ein langwieriger, schwieriger Prozess ist, den Weg etwas leichter machen.

Ich habe schon große Fortschritte erzielt, bin aber mit Sicherheit nicht immun gegen Rückfälle in mein altes Verhaltensmuster. Manchmal erwische ich mich dabei, wie ich mich von einem Familientreffen davonstehle, «um kurz in meine Mailbox zu schauen». Wen will ich damit zum Narren halten? Schließlich warte ich nicht auf eine neue Niere oder auf eine Nachricht vom Nobel-Komitee, die mich nach Stockholm ruft. Ich habe eine *American Express*-Karte, natürlich die Platinversion, weshalb mir Amex regelmäßig das schmucke *Departures*-Magazin zuschickt, in dem für phantastische – und phantastisch teure – Urlaubsreisen geworben wird. Und dann höre ich mich zu meiner Frau sagen: «Mein Gott, wenn ich dieses eine Geschäft an Land zöge, könnten wir uns das leisten.» Wenn ich an die Studiengebühren meiner Söhne denke, komme ich ebenfalls gleich wieder in Versuchung. Und obwohl ich meinen alten Materialismus abzulegen versuche, sehe ich den neuesten Mercedes und «muss ihn haben». Es gehört eine Menge Willenskraft dazu, erfolgreich dagegen anzukämpfen, und manchmal muss ich mich immer noch geschlagen geben.

Lachen Sie über sich selbst, wenn Sie solche Rückschläge erleben, besonders wenn es nur eine kleine Entgleisung ist, doch vergessen Sie nie: Es beginnt mit «einem Gläschen», und dann leeren Sie die ganze Flasche.

Ein ganzes Leben

Es ist nicht immer einfach, die verschiedenen Komponenten unseres Lebens zusammenzubringen. Wir sind so daran gewöhnt, mehrere Dinge gleichzeitig zu tun, dass es uns schwer fällt, auf die Bremse zu treten und einer einzigen Sache unsere volle Aufmerksamkeit zu widmen. Wenn wir unser Leben auch nur annähernd ins Gleichgewicht bringen wollen, müssen wir lernen, den Gang zu wechseln.

Wenn wir unsere Tage zu einem Ganzen machen, das Spaß, Erholung und zwischenmenschlichen Austausch einschließt, was immer wir gerne tun *außer arbeiten*, werden wir mit einem längeren Leben, einer besseren, erfüllten Ehe oder Partnerschaft, soliden Freundschaften, einer neuen, fruchtbaren Beziehung zu unseren Kindern und mit weit weniger inneren Kämpfen belohnt. Wenn wir den Mythos aufgeben, dass Arbeit adelt, werden wir die Zeit finden, ein volles Leben zu führen, ohne Angst vor Versagen, ohne Reue, Zorn und Bitterkeit.

Eines unserer größten Erfolgserlebnisse wird sein, wenn wir auf den Arbeitstag zurückblicken und einfach mit den Schultern zucken können. Wenn uns jemand fragt: «Wie war die Arbeit?», und wir ohne nachzudenken antworten können: «Es war Arbeit.» Wenn wir nicht mehr das Bedürfnis verspüren, unsere täglichen Gefechte am Arbeitsplatz zu dramatisieren oder mit unseren Erfolgen zu prahlen. Diese Einstellung bedeutet nicht, dass wir uns nicht mehr um unsere Arbeit kümmern oder nichts mehr tun. Es bedeutet einfach, dass Sie Ihre Arbeit nicht mehr die ganze Zeit mit sich herumschleppen.

Es bedeutet auch nicht, dass Sie die Arbeit nun fürchten

müssen. Viele von uns sind erst dadurch in Schwierigkeiten geraten, dass wir unsere Arbeit als Spaß empfanden. Die Arbeit hat uns einen «Kick» verschafft. Diesen Kick können wir immer noch haben, solange wir nicht süchtig danach sind. Ich liebe es immer noch, ein Geschäft zu machen, neue Klienten an Land zu ziehen und Autoren zur Veröffentlichung zu verhelfen. Nur weil ich ein Workaholic in Genesung bin, brauche ich keine Angst davor zu haben, meine Arbeit zu tun. Doch jedes Mal, wenn ein Geschäft unter Dach und Fach ist, rufe ich mir ins Gedächtnis, dass das Leben noch viel mehr zu bieten hat, dass ich nicht nur lebe, um Geschäfte abzuschließen, sondern solche Geschäfte meine Art sind, für alles andere zu bezahlen, was mir wichtig ist.

Betriebsurlaub

Früher habe ich regelmäßig gelogen, wenn ich in den Urlaub gehen wollte. Ich war so davon überzeugt, dass Urlaub etwas Schmutziges und ein Zeichen von Schwäche ist, dass ich nicht zugeben wollte, dass ich eine Pause wollte oder brauchte. Zudem machte ich mir Sorgen, dass man mir «auf die Schliche kam», und meine größte Sorge war, dass ich etwas «verpasste». Was war, wenn etwas Wichtiges passierte, während ich nicht da war? Ich verschwendete so viel Zeit und Energie damit, endlose, unproduktive Stunden abzureißen, statt eine Pause einzulegen und meine Batterien aufzuladen. Heute weiß ich es besser.

Selbst im «Urlaub» rief ich mehrmals am Tag (manchmal im Geheimen) im Büro an. Ich erwartete jeden Moment eine Katastrophe, irgendetwas Furchtbares, das sich im Büro ereignen würde, und konnte mich einfach nicht losreißen. Schritt für Schritt, über mehrere Jahre, lernte ich dann, wirklich Urlaub zu machen. Das hieß in meinem Fall, mir ein abgelegenes Urlaubsziel auszusuchen, wo es kein Telefon, kein Fernsehen und kein Radio gab. Das wirkte Wunder. Ich nahm nur meine Familie und ein paar Bücher mit, sonst nichts. Auf diese Reisen freue ich mich immer mehr. Ich schlafe heute auch besser. Und ich habe meine Kinder besser kennen gelernt.

Vor einigen Jahren sind wir über die Osterferien nach Hawaii geflogen, nach Kauai und zur Großen Insel. Wir haben uns sofort verliebt in diese Gegend (wer würde das nicht?). Es ist ein Paradies, nur vier Stunden westlich von Los Angeles. Unsere acht Tage dort waren eine einzige Freude. Doch am Abend vor dem Heimflug – für die Kinder bedeutete das zurück zur Schule, für uns Eltern zurück zur Arbeit – schauten wir uns gegenseitig an und sagten: «Wir brauchen noch eine Woche.» Und diese Woche nahmen wir uns dann auch. Ich empfand keinerlci Anspannung, nur Erleichterung. Ich wusste, das Büro wäre immer noch an Ort und Stelle, wenn ich zurückkäme, mit all seinen Problemen und Triumphen. Um unser Haus kümmerte sich ebenfalls jemand. Ich brauchte diese Zeit und hatte keine Sekunde das Gefühl, dass ich sie mir nicht hätte nehmen sollen. Ich glaube nicht, dass meine Frau, die Kinder und ich diese kostbare Extrawoche je vergessen werden. Als wir nach Hause kamen, waren wir glücklich, ausgeruht und in Hochform. Sie müssen sich Zeit für sich selbst nehmen. Das ist ebenso notwendig und wichtig für Ihre Gesundheit wie Luft und Nahrung. Sie müssen dazu nicht bis nach Hawaii fliegen. Das Gleiche können Sie auch erreichen, wenn Sie sich auf eine Berghütte oder in einen gemütlichen Landgasthof zurückziehen. Es geht sogar im eigenen Garten. Der Punkt ist, dass Sie sich in Erinnerung rufen, wofür Sie arbeiten, indem Sie eine Zeit lang *nicht* arbeiten.

Ich glaube inzwischen, dass mehr freie Zeit uns nur zu besseren Arbeitern machen kann. Wir sind zufriedener und kreativer und haben mehr Energie. Das Eigenartige an dem Mann, der seine Arbeit für sein Leben hält, ist, dass er nicht einmal in seiner Arbeit wirklich lebt.

Mein Vetter Tim hat seine Freizeit zu seinem Beruf gemacht. Lassen Sie mich erklären: Er arbeitet heute für die Ausbildungsstätte der Nationalparks in Wyoming. Tim war sehr klug. Er liebte die Natur, war ein guter Sportler und interessierte sich für wilde Tiere. Also schaute er sich nach einem entsprechenden Job um. Ich will nicht sagen, dass er nicht arbeitet, im traditionellen Sinne. Er hat einfach eine Laufbahn gefunden, die daraus besteht, seinen Hobbys nachzugehen. Er ist auch nicht der Maxime gefolgt: «Tu, was dir Spaß macht, das Geld wird sich dann schon einstellen.» Es geht ihm nicht um Geld. Er tut es, weil es ihm Spaß macht, und er weiß, wann er genug gearbeitet hat. Seine Mischung aus Arbeit und Freizeit ist ein perfektes Beispiel, wie manche von uns ein Gleichgewicht zwischen dem Arbeitsleben und dem Leben darum herum finden können.

Ich habe meine lange schlummernde Liebe zur Malerei wieder entdeckt. Ich hatte meine Ölfarben und Pinsel gegen Laptop und Telefon eingetauscht. Nun male ich wieder und empfinde dadurch eine neue Balance in meinem Leben.

Ich erzählte Ihnen das alles, um Ihnen zu zeigen, dass auch Sie die Ketten der Arbeitssucht sprengen können. Es geschieht nicht über Nacht und es ist nicht wie die Entwöhnung von Alkohol. Es ist auch keine Frage von alles oder nichts. Wenn Sie einmal zum Workaholic geworden sind, werden Sie diese Neigung Ihr ganzes Leben lang behalten. Sie schaffen sich Dinge, auf die Sie sich freuen können (und ich rede nicht von der nächsten Marketing-Konferenz), zum Beispiel Reisen, das Sammeln von Dingen, die Ihnen Freude machen, oder einfach Lesen, und jeden Morgen sollten Sie sich fragen: «Was würde ich heute am liebsten tun?» Ich rede hier nicht von phantastischen Träumen. «Mit Nicole Kidman ins Bett hüpfen» wäre wahrscheinlich kein realistischer Wunsch. Ich meine vielmehr, Sie sollten dafür sorgen, dass Sie jeden Tag etwas tun, was Ihnen Spaß macht. Teilen Sie sich Ihre Arbeit so ein, dass sie Ihnen nicht über den Kopf wächst. Verschwinden Sie nicht wieder hinter Ihrem Schreibtisch oder wo immer Sie arbeiten. Ich hoffe, Sie wissen jetzt, dass es das nicht wert ist.

Mein neues Leben ist ein Geschenk, das ich mir sebst gemacht habe, doch ich hatte viel Hilfe dabei. Ich habe meine Kinder, meine Frau und meine Freunde, neue und alte. Und jeden Tag kehre ich dem, der ich einmal war, und dem, was mich dazu gemacht hat, aufs Neue den Rücken zu.

Genießen Sie Ihren Heimweg.

Einfach in der Sonne

Ich sitz hier am Fluss
unterm blauen Himmel,
hab keine Sorgen, muss nirgendwohin,
lass einfach die Welt vorüberziehn.

Ich sitz einfach in der Sonne,
saug die Wärme in mich auf,
ohne Sinn und Zweck
sitz ich einfach in der Sonne

Alle sagen, ich bin verrückt.
Ich soll mir einen Job suchen, sagen sie.
Aber ich bin lieber arm und lauf mit nichts herum,
lieber das als reich und die Angst, alles zu verlieren.

Ich sitz einfach in der Sonne,
saug die Wärme in mich auf.
Brauch ich einen Grund?
Ich sitz einfach in der Sonne.

Schaut euch all die Frauen an,
wie hübsch sie sich ausgepackt haben für den Sommer.
Ich sitz hier in der Sonne, muss nirgendwohin,
zu niemandem.
Wer braucht schon einen Job, wenn die Sonne scheint?

Ich hab nichts Festes, was ich tu,
kann mir kein Telefon leisten
und keine Anlage, kein Radio, kein Video,
aber ich hab auch keine Schulden, hab nicht
mal ein Bankkonto.

Das ist mein einziger Spaß,
einfach in der Sonne sitzen,
ohne Sinn und Zweck
sitz ich einfach in der Sonne.

Hört euch die Leute an,
die sagen, ich bin ein Versager und Habe-
nichts.
Wenn die nur sehen könnten, ich hab meinen
Stolz, ich hab kein Geld.
Wer braucht schon einen Job,
wenn die Sonne scheint.

Alle denken, ich bin verrückt
und alle sagen, ich bin blöd.
Aber wenn ich sehe, wie sie sich anschreien,
bin ich lieber ein arbeitsloser Penner.

So sitz ich in der Sonne,
saug die Wärme in mich auf,
ohne Sinn und Zweck
sitz ich einfach in der Sonne.

Ray Davies, Preservation, 1. Akt

Anhang A
Die Zwölf Schritte der Anonymen Arbeitssüchtigen

Vielleicht meinen Sie zuerst, wenn Sie die Worte «zwölf Schritte» lesen, das hätte nichts mit Ihnen zu tun. Bei jedem Zwölf-Schritte-Programm denken Sie sofort an die Anonymen Alkoholiker oder irgendeinen New-Age-Unsinn.

Bevor Sie die Anonymen Arbeitssüchtigen so einfach abtun, sollten Sie jedoch in sich hineinhorchen. Als Literaturagent arbeite ich mit zahlreichen Autoren zusammen, die sich auf Suchtverhalten spezialisiert haben, und diese bestätigen mir, dass viele Workaholics auch unter anderen Süchten leiden, zum Beispiel Alkohol, Drogen, Sex oder gar Fitness. Schauen Sie genau in den Spiegel. Brauchen Sie nach einem langen Tag im Büro einen Drink zur Entspannung? Nehmen Sie irgendwelche «Freizeitdrogen»? Übertragen Sie Ihr Verhalten am Arbeitsplatz auf andere Aktivitäten? Diese Dinge lassen sich schwer messen. Man ist kein Alkoholiker, sobald man genau *x* Drinks am Tag zu sich nimmt, und wenn man nur *y* Gläser trinkt, heißt das nicht, dass man kein Alkoholiker ist. Sie müssen genauer betrachten, wie und weshalb Sie bestimmten Verhaltensweisen nachgehen und ob Sie sich wirklich unter Kontrolle haben oder nicht.

Haben Sie keine Angst vor Wörtern wie «Alkoholiker». Es geht nur darum, Ihnen zu helfen.

Selbst wenn Sie sich nicht in anderer Hinsicht als süchtig betrachten, lesen Sie die zwölf Schritte, die ich unten zitiere. Sie stammen von einer amerikanischen Organisation namens *Workaholics Anonymous* (WA), die inzwischen auch in Deutschland und anderen deutschsprachigen Ländern als *Anonyme Arbeitssüchtige* (AAS) existiert. Auf Ihrem Weg zur Genesung und zu einem ausgewogeneren und glücklicheren Leben können diese Schritte sehr hilfreich sein. Wie in jedem Zwölf-Schritte-Programm werden Sie darin zunächst aufgefordert, zuzugeben, dass Sie ein Problem haben, und die volle Verantwortung dafür zu übernehmen – und Hilfe zu suchen.

*Die Zwölf Schritte der Anonymen Arbeitssüchtigen**

1. Wir gaben zu, dass wir unserem zwanghaften Arbeiten oder Nichtarbeiten gegenüber machtlos sind und unser Leben nicht mehr meistern konnten.
2. Wir kamen zu dem Glauben, dass eine Macht – größer als wir selbst – uns unsere geistige Gesundheit wiedergeben kann.
3. Wir fassten den Entschluss, unseren Willen und unser Leben der Sorge Gottes – wie wir ihn verstehen – anzuvertrauen.

* Diese deutsche Fassung ist der Website der Anonymen Arbeitssüchtigen in Deutschland (www.arbeitssucht.com) entnommen. Es handelt sich um eine wörtliche Übersetzung der amerikanischen Version.

4. Wir machten eine gründliche und furchtlose Inventur unseres Inneren.
5. Wir gaben Gott, uns selbst und einem anderen Menschen gegenüber unverhüllt unsere Fehler zu.
6. Wir waren völlig bereit, all diese Charakterfehler von Gott beseitigen zu lassen.
7. Demütig baten wir ihn, unsere Mängel von uns zu nehmen.
8. Wir machten eine Liste aller Personen, denen wir Schaden zugefügt hatten, und wurden bereit, ihn bei allen wieder gutzumachen.
9. Wir machten bei diesen Menschen alles wieder gut – wo immer es möglich war –, es sei denn, wir hätten dadurch sie oder andere verletzt.
10. Wir setzten die Inventur bei uns fort, und wenn wir Unrecht hatten, gaben wir es sofort zu.
11. Wir suchten durch Gebet und Besinnung unsere bewusste Verbindung zu Gott – wie wir ihn verstehen – zu verbessern. Wir baten ihn, seinen Willen für uns erkennbar werden zu lassen, und um die Kraft, ihn auszuführen.
12. Nachdem wir durch diese Schritte ein seelisch-geistiges Erwachen erlebt hatten, versuchten wir, diese Botschaft an andere Arbeitssüchtige weiterzugeben und unser tägliches Leben nach diesen Grundsätzen auszurichten.

Falls Sie nicht an Gott glauben, setzen Sie bitte irgendeinen anderen Begriff dafür ein, mit dem Sie sich identifizieren können: eine höhere Instanz, der Weltgeist, Ihr inneres Selbst – was immer es ist, womit Sie sich wohl fühlen.

Auch die folgenden Hinweise, die ich den *Tools of Workaholics Anonymous*[*] entnommen habe, fand ich äußerst hilfreich, um die zwölf Schritte in die Praxis umzusetzen. Ich empfehle Ihnen, diese Liste täglich durchzugehen. Wenden Sie diese Hinweise an, grämen Sie sich jedoch nicht, wenn Sie einen Rückfall erleiden. Das passiert uns allen. Sie haben lange gebraucht, dorthin zu gelangen, wo Sie jetzt sind, und es wird eine Weile dauern, bis es Ihnen besser geht. Haben Sie Geduld mit sich selbst.

Die Werkzeuge der Anonymen Arbeitssüchtigen

- **Zuhören.** Wir nehmen uns jeden Tag Zeit für Gebete und Meditation. Bevor wir eine Verpflichtung annehmen, bitten wir unsere höhere Instanz um Führung und unsere Freunde um Rat. Wir müssen uns erinnern, dass wir die Sucht nicht allein besiegen können. Wir müssen uns täglich auf unsere positiven Beziehungen stützen.
- **Prioritäten setzen.** Wir entscheiden, was das Wichtigste ist, was zuerst zu erledigen ist. Zuweilen kann das auch bedeuten, dass wir nichts tun. Unser Ziel ist, flexibel zu reagieren und unsere Prioritäten nach Bedarf neu zu ordnen. Störungen und Zwischenfälle wollen wir als Chancen zum Wachstum betrachten. Wenn sich eine Tür schließt, öffnet sich eine andere. Wir müssen offen sein und bereit, jede neue Gelegenheit zu ergreifen, die das Leben bringt.
- **Termine streichen.** Wir fügen in unserem Terminkalender keine neue Aufgabe hinzu, ohne eine andere zu strei-

* Erschienen bei NYU Press, New York, © *Workaholics Anonymous (USA).*

chen, die ebenso viel Zeit und Energie erfordern würde. Wir müssen abwägen und Aufgaben finden, die wir streichen oder aufschieben können, um Dringenderes zu erledigen. Wir müssen flexibel sein.

- **Lücken lassen.** Wenn wir ein Projekt oder eine Reise planen, räumen wir uns mehr Zeit ein, als wir wahrscheinlich benötigen werden. So gewähren wir uns den Spielraum, uns auf Unerwartetes einzustellen. Unerwartetes wird immer geschehen. Die Krankheit mag uns noch in ihren Klauen haben, doch wir lassen uns von unseren Terminen und Verpflichtungen nicht daran hindern, Unvorhergesehenes einzuplanen.
- **Freizeit.** Wir planen Freizeit ein. Wir weigern uns, ununterbrochen zu arbeiten. Wir machen unsere Freizeit nicht zu Arbeit. Die Einfahrt reparieren und die Garage ausräumen sind keine Freizeitbeschäftigungen.
- **Konzentrieren.** Zu jeder gegebenen Zeit kümmern wir uns stets nur um eine Sache. Es ist absolut unratsam, mehrere Dinge gleichzeitig zu tun, es sei denn, wir reden von Atmen und Schlafen.
- **Die Arbeit einteilen.** Wir arbeiten in einem bequemen Tempo und ruhen uns aus, bevor wir müde werden. Bevor wir eine neue Aufgabe beginnen, fragen wir uns, wie viel Energie wir noch haben. Wir lassen nicht zu, dass uns unsere Arbeit angespannt macht, damit wir danach nicht den Zwang verspüren, uns entspannen zu müssen. Es ist sehr wichtig, nicht an diesen Punkt zu gelangen, denn solches zwanghafte Entspannen ist die Wurzel anderen Suchtverhaltens, zum Beispiel Alkohol und Drogen. Entspannung bedarf keiner künstlichen Hilfestellung.

- **Entspannt sein.** Wir reagieren nicht auf Druck und versuchen auch nicht, andere unter Druck zu setzen. Wir sind der Menschen und Situationen gewahr, die in uns Druck auslösen. Wir achten auf die Handlungen, Worte, körperliche Empfindungen und Emotionen, die uns zeigen, dass wir mit Druck reagieren. Wenn wir Anspannung spüren, halten wir inne, um die Verbindung zu unserer höheren Instanz und zu den Menschen in unserer Umgebung wiederzufinden. An einem suchterzeugenden Arbeitsplatz wirkt Arbeitssucht ansteckend. Dies ist ein wichtiger Punkt, besonders in der heutigen Welt, wo alles sofort geschehen muss und jede Information oder Ware «auf jeden Fall bis morgen früh» auf dem Tisch sein muss.
- **Akzeptieren.** Wir akzeptieren die Ergebnisse unserer Arbeit und unserer Bemühungen, wie immer sie aussehen und wann immer wir etwas abschließen. Wir wissen, dass Ungeduld, Hast und das Bestehen auf perfekten Resultaten nur unsere Genesung verzögern. Wir sind milde in unserem Selbsturteil, denn wir wissen, unsere neue Lebensweise erfordert viel Übung. Harsches Urteil, mag es von innen oder von außen kommen, hindert unseren Fortschritt. Wir wissen, dass Perfektion nur in der Natur zu finden ist, jedoch nicht in der Arbeit.
- **Um Hilfe bitten.** Wir geben unsere Schwächen und Fehler zu und bitten unsere höhere Instanz und andere um Hilfe. Als Arbeitssüchtige bitten wir nicht gern um irgendetwas. Der Begriff «Hilfe» gehört nicht zu unserem Wortschatz. Je öfter Sie aber um Hilfe bitten, desto befreiter werden Sie sich fühlen.
- **Meetings.** Wir besuchen Meetings der Anonymen Ar-

beitssüchtigen (AAS). So lernen wir, wie Gemeinschaft uns helfen kann, und teilen unsere Erfahrungen, unsere Kraft und unsere Hoffnung mit anderen Betroffenen. Sie können es nicht allein schaffen. Doch Sie müssen auf Ihre Heilung hinwirken, sowohl zu Hause als auch mit anderen Arbeitssüchtigen. Die Anonymen Arbeitssüchtigen sind ein Netz von Freunden, das Ihnen helfen wird.

- **Telefonieren.** Wir benutzen das Telefon, um zwischen Meetings mit anderen Mitgliedern der Gemeinschaft in Verbindung zu bleiben. Vor und nach jeder kritischen Aufgabe nehmen wir Verbindung zu unseren AAS-Freunden auf. Zuweilen sind diese Anrufe Ihre Rettung im letzten Augenblick. Wenn wir in unserer Arbeit vor einem besonders schwierigen Problem stehen, fallen wir leicht in unser altes Verhalten der Selbstmisshandlung zurück.
- **Ausgewogen leben.** Wir bemühen uns, ein ausgewogenes Leben zu führen, indem wir uns nicht nur um unseren Beruf kümmern, sondern auch unsere persönlichen Beziehungen, unsere spirituelle Seite, unsere Kreativität und unser Freizeitverhalten sich zu entwickeln erlauben. Ein freier Kopf ist die beste Bühne für neue Ideen und Erleuchtungen. Wer den Kopf frei hat, wird bessere Arbeit leisten.
- **Dienen.** Wir stehen anderen Arbeitssüchtigen stets mit unserer Hilfe zu Diensten, denn wir wissen, dass wir auch unsere eigene Genesung fördern, wenn wir anderen helfen. Es reicht nicht, als der einzige Gesunde inmitten von Pestkranken dazustehen. Wir müssen und wollen anderen helfen. Wenn wir den Schmerz sehen,

den die Arbeitssucht in anderen verursacht, müssen wir einfach helfen.

- **Leben im Jetzt.** Wir begreifen, dass wir uns dort befinden, wo unsere höhere Instanz uns haben möchte – im Hier und Jetzt. Wir versuchen, jeden Augenblick in Gelassenheit, Freude und Dankbarkeit zu leben.

ANHANG B
Literatur- und Internetverzeichnis

Weitere Hilfe, wenn Sie die Ketten der Arbeitssucht sprengen wollen

Selbsthilfegruppen für Arbeitssüchtige existieren heute in mehreren Ländern. Angefangen hat es in den USA. Die Kontaktadresse dort ist:
Workaholics Anonymous, World Services Organization
P. O. Box 289
Menlo Park, CA 94026-0289
510-273-9253
Inoffizielle Website: *www.workaholics-anonymous.org*

In Deutschland und für den deutschsprachigen Raum:
AAS Anonyme Arbeitssüchtige
c/o KISS
Gaußstraße 21
D–22765 Hamburg
Website: *www.arbeitssucht.de*
E-Mail: *info@arbeitssucht.de*

Weitere Bücher zum Thema Arbeitssucht

Breitsameter, Josef, und Reiners-Kröncke, Werner, *Arbeitssucht – ein umstrittenes Phänomen. Ursachen, Formen, Folgen, Hilfen,* Asgard, 1997.

Fassel, Diane, *Wir arbeiten uns noch zu Tode. Die vielen Gesichter der Arbeitssucht,* Knaur-TB, 1994.

Mit diesem Band hat Diane Fassel, mit Dr. Anne Wilson Schaef als Koautorin von *Suchtsystem Arbeitsplatz,* eines der wichtigsten Bücher über Workaholismus vorgelegt.

Fox, Matthew, *Revolution der Arbeit. Damit alle sinnvoll leben und arbeiten können,* Kösel Verlag, 1996.

Auch die anderen Bücher von Matthew Fox sind lesenswert. Fox denkt und schreibt auf außergewöhnliche, brillante Art.

Gleick, James, *Schneller! Eine Zeitreise durch die Turbo-Gesellschaft,* Deutsche Verlags-Anstalt, 2000.

Eine beeindruckende Darstellung des «Schneller-Schneller»-Syndroms in unserer Gesellschaft und der Gründe, weshalb wir es nicht langsamer angehen lassen, sondern immer schneller zu arbeiten versuchen.

Goleman, Daniel, *Emotionale Intelligenz,* Hanser, C/VM, 1996.

Dieser bahnbrechende internationale Bestseller revolutionierte die Art, wie Millionen von Menschen über Reife, Kommunikation und menschliche Erwartungen denken. Ein wirklich hervorragendes Buch, das jeder besitzen sollte.

Moyers, Bill, *Die Kunst des Heilens – Vom Einfluss der Psyche auf die Gesundheit,* Goldmann Sachbuch, 1996.

Moyers schreibt über die Welt des Heilens. Die holistische Sicht, wie wir zu einem besseren Leben und einer besseren Zukunft kommen können.

Robinson, Bryan E., *Wenn der Job zur Droge wird,* Walter-Verlag, 2000.

Eine gründliche Untersuchung darüber, wie wir, ohne es zu merken, immer tiefer in unserer Arbeit versinken. Robinson bietet uns Möglichkeiten an, wie wir der Tyrannei des Terminkalenders entkommen können.

Ruthe, Reinhold, *Wenn Erfolg zur Droge wird. Strategien gegen Stress, Arbeitssucht und Burnout,* Brendow, 1995.

Ein Buch über die Gefahren des übermäßigen Arbeitens und der Erfolgssucht. Wege zu einem erfüllten, wirklich erfolgreichen Leben.

Schwochow, Rainer, *Wenn Arbeit zur Sucht wird. Rat und Hilfe für Workaholics,* Fischer-TB, 1999.

Die Grenzen zwischen harter Arbeit und krankhafter Arbeitssucht sind oft fließend. Dieses Buch beschreibt die ersten Anzeichen pathologischen Verhaltens und bietet Hilfe zur Selbsthilfe.

Wilson Schaef, Anne *Nimm dir Zeit für dich selbst. Tägliche Meditationen für Frauen, die zuviel arbeiten,* Heyne-TB, [7]1994.

365 Meditationen für Frauen, die zu viel arbeiten und ständig meinen, sich für andere aufopfern zu müssen.

Wilson Schaef, Anne, und Fassel, Diane, *Suchtsystem Arbeitsplatz. Neue Wege in Berufsalltag und Management,* dtv, 1994.

Dieses Buch begründete die Bewegung für einen neuen Arbeitsplatz, an dem auch Mitarbeiter zugelassen sind und gedeihen können, die nicht dem Wahnsinn der Arbeitssucht verfallen. Es ist das Vorbild für viele Bücher, die danach kamen.

Zum Thema, ein besserer Partner zu sein

Gottman, John M., und Nan Silver, *Die 7 Geheimnisse der glücklichen Ehe,* Econ/VVA, 2000.

Dr. Gottman studiert in seinem berühmten «Love Lab» mit streng wissenschaftlichen Methoden die Gewohnheiten von Ehepaaren. Auf der Grundlage seiner Studien nennt Gottman in diesem Buch die sieben Prinzipien, nach denen Sie Ihre Partnerschaft harmonischer gestalten können.

Zum Thema Elternschaft und Erziehung

Gordon, Thomas, *Die neue Familienkonferenz,* Heyne Sachbuch, 1994.

Basierend auf dem ersten nationalen Elternprogramm in den USA vor dreißig Jahren beschreibt dieses Buch, wie man seinen Kindern wirklich zuhört und gemeinsam zu Problemlösungen kommt, die die Intelligenz des Kindes respektieren. Dieser Erziehungsklassiker gehört in jede Familie.

In den USA ist DADs, eine gemeinnützige Organisation für Väter und Töchter, eine nützliche Adresse für Leute, die praktischen Rat zur Vater-Tochter-Beziehung suchen. Wer sich auf amerikanische Websites traut und vor Erziehungsproblemen mit seiner Tochter steht, sollte es dort versuchen. Die Internetadresse lautet:
www. dadsanddaughters.org

Sie können DADs auch anschreiben:

Dads and Daughters, Inc.
P. O. Box 3458
Duluth, MN 55803

Verwandte Themen

Weitere Literatur zu den Themen Arbeitsplanung, Zeitmanagement, Alltagschaos und Sucht finden Sie auf der Website der Anonymen Arbeitssüchtigen (AAS, siehe oben).

Dank

Mein Dank gilt:
Steve Ross von *Crown Publishers* und meiner Redakteurin Betsy Rapoport für ihren ausgezeichneten, liebenswerten Rat.
Wendy Lazear, die alles besser macht, was immer ich tue.
Ross für sein Tippen, Editieren und Lernen.
Mike, der im Moment sein eigenes Abenteuer erlebt.
Christi Cardenas, mein unersetzlicher Geschäftspartner fast rund um die Uhr.
David Rakoff, der den Titel beisteuerte, als er scherzhaft beschrieb, wie sein Leben war.
Mary Everson, die tagtäglich Leben rettet.
Al Franken, Evelyn Friedberg, Tim Rumsey, Will Weaver, Leslie Schnur, Tom Spain, Mike Osterholm, Jane Goodall, Jim Sisson, Noah Adams, Scott Simon, Bailey White, Tracy Hickman, Don Perrin, Margaret Weis, Ann Wilson Schaef, R. D. Zimmerman, Pete Hautman, Natalie Goldberg, Tanya Cromey, John Peter Larson, Laura Brinkmeier, Arlene Friedman, Chris und Louise Lazear, Dennis Cass, Eric Vrooman, Harvey Mackay, Ed Breslin, Terry Gross, Andrei Codrescu, David Brancaccio, Barbara Smith, Dan Gasby, Ray Suarez und anderen, deren Freundschaft mir so überaus wichtig ist.
Und schließlich möchte ich mich bei Dr. Oliver W. Sacks entschuldigen, dem Autor vieler bedeutender Bücher, darunter *The Man Who Mistook His Wife for a Hat* («Der Mann, der seine Frau mit einem Hut verwechselte»).

Jonathon Lazear
Winter 2001, Minneapolis